가족과 1시간

가족과 1시간

매일. 만나는. 행복한. 기적.

신인철 지음

한스미디어

지금은 가(家)테크 시대

과거 우리는 다음의 세 가지에 대해서는 어떠한 경우에라도 불가항력(不可抗力), 즉 인간의 노력으로는 절대 변화시킬 수 없다고 단정 지어왔다.

돈(貧困), 시간(時), 그리고 가족(血緣).

때문에 "가난은 임금도 못 구한다"라거나 "부자는 하늘이 낸다"라는 이야기를 했고, "가는 세월은 누구도 못 막는다"고 체념해왔으며, "피는 물보다 진하다"라거나 "자식 이기는 부모 없다"는 등의 이야기를 마치 진리처럼 인정해왔다.

수백 년 전까지 그런 인식은 사실인 듯했다. 하지만 '위대한 인간'들은 각고의 노력으로 그러한 고정관념들을 바꾸어나갔다.

가장 먼저 무너진 것은 돈, 부유함, 그리고 가난에 관한 생각들이었다. 대대로 물려받은 영지의 생산력과 농노들의 노동력을 바탕으로 원래부터 그리고 죽을 때까지 부자일 수밖에 없는 귀족과 빈손으로 태어나 아무것도 손에 쥘 수 없었던 소작농이나 농노들 사이에는 넘을 수 없는 엄청난 벽이 존재했다. 하지만 자본주의라는 개념이 등장하고 산업화를 통한 기술적 발전이 이루어지면서 이제 부유함은 아이디어와 근면함, 그리고 적절한 도움만으로도 충분히 이룰 수 있는 것임이 증명되었다. 이러한 일들을 가능하게 하는 기술을 일컬어 '재테크(financial technology)'라고 하여 관련 연구자들이 등장하였고, 지금은 가정주부는 물론 학생들에게까지 관심의 대상이 되고 있다.

시간의 불가항력성에 대한 극복은 이보다 조금 늦게 시도되었다. 20세기에 들어서 각종 교통·정보통신 수단이 급속하게 발전하자 시간이 '관리'의 대상이 될 수도 있음을 사람들은 깨닫기 시작했다. 과거 배를 타고 6개월 넘게 갔어야 할 곳을 비행기를 타면 6시간 만에 갈 수 있고, 통신기기를 통해 이야기나 회의를 하면 그 6시간이라는 시간조차 필요 없는 리얼 타임(real time)의 시대에 살게 되었음을 체감했기 때문이다. 시간이 과학기술의 도움과 개개인의 인식 여하에 따라서 얼마든지 아끼거나 추가로 확보할 수 있는 '자산'이 된 것이다. 그 과정에서 재테크와 비슷한 조어(造語)의 과정을 거쳐 '시테크(time management technology)'가 등장했고, 현재까지도 시간 관리에 관련된 책이나 교육프로그램 등이 선풍적인 인기를 끌고 있다.

반면 마지막 하나 남은 미지의 영역이 있다. 재테크가 등장한 지 수백 년, 시테크가 등장한 지도 꽤 오랜 시간이 지났음에도 불구하고 아직까지도 '가족'에 대해서는 어떠한 형태로든 발전적인 변화를 이룰 수 있는 방법에 대한 이렇다 할 체계적인 이론이나 학습서가 등장하지 않고 있다. 물론 자녀교육에 성공한 부모들의 체험수기나 남편을 성공시킨 아내들의 내조 사연에 대한 책들이 일부 인기를 끌었던 적도 있었다. 하지만 한때 반짝 인기를 끈 뒤 어느새 사라져버리고 마는 경우가 대부분이었다.

왜 그럴까? 별로 연구할 만한 필요성을 못 느껴서였을까? 아니면 연구해봐야 이렇다 할 답을 얻어낼 수 없어서였을까?

그렇지는 않을 것이다. 다만 많은 이들이, 특히 우리나라 사람들의 경우 '가족'이라는 존재를 자연 그대로 받아들이지 않고 인위적으로 변화를 꾀하는 데 생소해하거나 심지어 죄악시하는 풍토가 만연해 있어서가 아닌가 생각한다. 가족은 관리보다는 '생육'되고, 신상필벌보다는 '용서와 관용'으로 서로 보듬어주는 관계라고 인식하다 보니 학문적인 연구나 기술적·기교적 분석 자체를 꺼려하기 때문이다.

하지만 이제는 그러한 인식을 바꾸어야 한다.

직장에서는 외로운 가장들이 늦은 밤까지 사무실을 지키고, 엄마들은 가족들의 삶을 관리(manage)하느라 짜증과 피곤에 절어 있다. 그뿐인가? 자녀들은 치열한 경쟁 속에서 '왕따' 를 당하거나 혹은 주동자가 되고, 아니면 감정 없이 입시 레이스에 뛰어든 경주마와도 같은 삶을 살고 있다. 그럼에도 불구하고 아직까지 가족에 대한 연구, 말 그대로 '가(家)테크(family life management technology)'에 대해서는 어떠한 연구도 이루어지지 않고 있다.

이 책은 아픔을 겪고 있는 가족의 구구절절한 이야기로부터 시작한다. 왜 그들이 그런 아픔을 겪게 되었는지, 특히 한국의 가족들이 더 심하게 고통받는 이유를 알아본다. 또, 감정적이고 추상적인 접근이 아닌 실제 사례와 관련 자료를 바탕으로 다소 '감상적으로' 접근했던 가족을 보다 체계적이고 객관적으로 살펴보고 그로부터 우리가 생각해볼 수 있는 단초를 찾기 위해 많은 노력을 하였다. 그리고 거기에서 끝내지 않고, 가족과 함께 멋진 시간을 마련해서 가정을 '학습과 발전의 전초기지'로 만들어낸 성공한 가족들의 이야기와 비결도 담았다. 이 책을 읽는 가족들은 벤치마킹하여 실생활에 직접 접목시켜 볼 수 있을 것이다.

자, 재테크와 시테크에만 빠져서 정작 중요한 가족에 대해서는 제대로 고민해보지 못했던 이들이여! 이제 그 무엇보다 중요했지만 그다지 관심을 두지 못했던 '가족', 그리고 그 가족에 대한 '가테크'로 눈을 돌려보자.

힘든가? 삶이 재미없는가? 그리고 성공하고 싶은가? 염려하지 말자.

다음 페이지를 넘기기 전에 이렇게 외치며 시작해보자.

"그래, 나에겐 든든한 가족이 있었어!"

차례

Part I

가족:
아프고 외로운
우리의 현실

사라져버린
아빠

저녁 11시 10분 서울 지하철 3호선 신사역 사거리, 일명 아구찜 골목.

거리를 가득 메웠던 취객들도 서둘러 집으로 발걸음을 재촉하고, 휘황찬란한 불빛을 자랑하던 가게들도 하나 둘씩 문을 닫아버려 거리는 빠른 속도로 심야의 정적을 향해 달려가고 있었다. 술집에서 쏟아져 나온 사람들은 막차를 놓치지 않으려고 가방을 가슴에 품은 채 빠른 속도로 내달리기 시작했다.

"아, 집이라고? 그래, 미안하다. 아니, 무슨 일은… 그냥 목소리 듣고 싶어서 전화했지. 그래, 자라."

"응, 집에 들어갔니? 아, 그렇지. 시간이 많이 늦었지. 그래, 다음에 소주나 한잔하자."

"자다 받았구나. 미안하다. 그냥 집에 가는 길에 혹시 밖에 있으면 얼굴이나 보려고 했지."

술에 약간 취한 듯한 40대 후반의 남자 한 명이 빌딩 현관문에 기대서서 벌써 여섯 통째 전화를 걸고 있었다.

모 그룹 계열사의 해외영업팀 팀장으로 일하고 있는 이상국 (가명) 부장은 지난 한 달간 함께 일했던 인턴사원의 수료식을 맞아 부서 회식을 마치고 나온 길이었다. 딱 한잔 더 하고 싶었지만 부하직원들은 '피곤하다, 막차 시간 다 됐다, 내일 중요한 회의가 있다'는 핑계로 모두 가버리고, 혹시나 해서 동기들에게 전화를 돌려봤지만 모두 집에서 쉬고 있거나 일찍 잠자리에 들었다가 깨서 받는 친구들밖에 없었다. 그 또한 얼른 집에 들어가서 쉬면 되겠지만, 이 핑계 저 핑계를 대서라도 최대한 늦게 들어가려는 이유가 있었다.

그 이유가 생긴 것은 1년 전이다.

모처럼 회사 인력개발팀에서 중간 관리자 이상급 임직원들을 대상으로 마련한 교양강좌에 참가한 어느 날.

"여러분, 자녀분들 학원 열심히 보내시지요? 그런데 그런 교육 아무리 시켜봐야 말짱 황입니다. 그 애들이 자라나서 여러분께 '쇠 빠지게 학원 보내주시고, 과외비 대주셔서 감사합니다.

이제 저희가 모실게요' 할 것 같습니까? 천만에 말씀!"

"자, 자녀분들 학원 하나 더 보내는 대신 늦더라도 함께 저녁 식사를 해보세요. 밥상머리에서 아빠와 자녀가 나누는 대화 속에 학원 하나 더 가는 것보다 훨씬 더 큰 가르침과 배움이 있습니다."

"당장 오늘 저녁부터 실천해보세요. 자녀와 함께 저녁식사를!"

아동심리를 연구하고 TV 자녀교육 상담 프로그램에도 출연하는 등 꽤 널리 알려진 전문 강사의 열변에 취한 그는 당장 아내에게 전화를 걸어 "앞으로 별 약속 없으면 저녁식사는 꼭 집에서 할 테니 그렇게 알고 준비해"라고 이야기했다.

그리고 그날 저녁.

학원 갈 시간이 다 됐다며 식탁에도 안 앉으려 하는 큰딸, 식탁에 앉긴 했지만 눈은 제 방에 켜놓은 컴퓨터게임 화면에 꽂혀 있는 막내아들 녀석과 함께 하는 어색한 저녁식사가 시작되었다.

"혜미는 왜 밥을 그것밖에 안 펐어? 늦게까지 공부하려면 많이 먹어야지."

"그리고 창석이는 밥 먹을 때까지 게임에 정신 팔려 있을 거야? 얼른 네 방 컴퓨터 끄고 와!"

그 말에 큰딸 혜미는 밥숟가락을 놓더니 가방을 챙겨 나가버렸다. "학원 가서 빵이나 하나 사 먹을게"라는 말과 함께.

막내아들의 반응은 더 강렬했다. 어쩔 수 없이 억지로 몇 숟가락 뜨는 것 같더니 이내 제 방으로 들어가 문을 잠가버렸다. 며칠동안 그런 어색한 식사를 한 어느 날 거실 소파에 앉아 있는 이 부장의 귀에 막내아들 창석이의 목소리가 들려왔다. 부엌에서 설거지를 하고 있는 제 엄마의 등 뒤에다가 하는 말이었다.

"아빠 왜 집에서 밥 먹는대? 예전처럼 그냥 밖에서 먹고 들어오면 안 돼?"

아무리 철없을 나이라지만 아들의 얘기는 이 부장의 가슴에 큰 상처가 되었다. 게다가 아이들이 다 잠든 뒤 침실에서 아내가 농담이라고 들려준 이야기가 결정타였다.

"여보, 요즘 서울대 입학하기 위한 3대 요소가 뭔 줄 알아요?"

"뭔데?"

"할아버지의 재력, 엄마의 정보력, 그리고 아빠의 무관심이라네요. 호호."

농담이라고 한 얘기겠지만, 가뜩이나 불편한 심기의 이 부장에게는 아물기 힘든 생채기가 되었다.

"뭔 그런 쓸데없는 농담을 해!"

이 부장 스스로가 놀랄 만큼 큰소리를 버럭 지른 후, 그는 이불을 둘둘 말고 휙 돌아누워 버렸다.

그리고 그 다음 날부터 이 부장의 늦은 귀가는 계속되었다. 설혹 가끔 일찍 집에 들어가는 때에도 자녀들을 밥상에 불러 앉히지는 않았다. 식사를 마친 뒤 그저 혼자 앉아 TV 뉴스를 보든지, 서재에 들어가 때 지난 잡지들을 들춰보다 잠자리에 드는 것이 다였다.

그때였다.

주머니 속에 들어 있던 이 부장의 휴대폰이 울리기 시작했다. 아까 전화를 안 받던 대학동창이었다.

"아, 상국이냐? 나 민채다. 미안하다. 내가 샤워 중이라서 전화를 못 받았다. 아, 뭐? 우리 동네 근처에서 술 한잔했다고? 그래, 바로 집에 갈 거 아니지? 그럼 어디 들어가 있어. 머리만 말리고 금방 옷 입고 나가마."

전화를 끊은 친구 민채는 정확히 15분 만에 이 부장이 먼저 자리 잡고 있던 실내 포장마차로 달려왔다. 아직 머리에 물기가 남아 있었다.

"술 먹었으면 얼른 집에 들어가지, 웬일로 전화를 다 했냐?"

"집에 가봐야 뭐하냐, 재미난 일도 없고. 이렇게 너랑 만나서 술이나 한잔하려고 그랬지."

자리에 앉기 무섭게 술을 따르는 이 부장에게 친구가 물었다.

"왜 무슨 일 있냐? 처자식이랑 같이 사는 놈이 왜 집에 가면 재미가 없어?"

"재미? 야, 난 차라리 혼자 사는 네가 속 편해 보여서 부럽다."

"허, 이 친구 진짜로 무슨 일이 있기는 있나 보네. 야, 말도 마라. 기러기가 쉬운 줄 아냐? 돈도 돈이지만 하루하루 사는 것이 죽을 맛이다."

이 부장이 가만 생각해보니, 올해로 만 4년째 기러기 아빠 생활을 하고 있는 친구에게 그런 말을 한 것이 조금은 미안했다. 하지만 솔직한 심정이었다.

두 사람은 이후 오랫동안 주거니 받거니 술잔을 기울였다. 고향 팀인 롯데의 요즘 야구 성적 얘기, 서로의 회사 주가 얘기, 사업을 새로 시작한 또 다른 대학동기 얘기 등 두 사람의 요즘 관심사에 대한 수많은 얘기들이 안줏거리로 오갔다. 하지만 이후 단 한 번도 가족 얘기는 언급되지 않았다.

12시가 넘어 술집에서 나온 이 부장은 '집에 가라'며 끝끝내

만류하는 친구를 막무가내로 밀치고는 그가 혼자 사는 오피스텔로 쳐들어가 그대로 엎어져 잠에 빠져버렸다. 잠은 들었지만 그의 귀에는 계속 아내와 자녀들의 목소리가 맴돌았다.

'학원 가서 빵이나 먹을게.'

'아빠는 왜 일찍 들어와?'

'아버지의 무관심이래.'

과로하는
엄마

같은 날 같은 시간 고속터미널 사거리 상가 내 C 커피숍.

이미 커피숍이 문 닫을 시간인 11시가 넘어가고 있었지만, 제일 안쪽 테이블에 오래전부터 자리를 잡고 앉아 있던 대여섯 명의 40대 중년 부인들은 대화에 열중하느라 자리를 뜰 줄 몰랐다.

"근데, 요즘 유행하는 속담이 뭔 줄 알아?"

"뭔데? 종훈 엄마."

"'개천에서 용 난다'래."

"에이, 그게 뭐야? 이미 있던 속담이잖아?"

"그리고 요즘 어떻게 개천에서 용이 나? 개천에서 용 못 나. 용이 사는 집안에서 용이 나는 거지."

"그래, 맞아. 괜찮게 사는 집에서 든든하게 후원 받은 애들이랑 혼자 열심히 하는 애들이랑 어떻게 경쟁이 되겠어?"

일행의 반대에도 불구하고 종훈 엄마는 뜻을 굽히지 않았다.

"아냐, 진짜로 개천에서 용이 난다니까. 그런데 그 개천이….."

절대 '개천에서 용 못 난다'며 반발하던 일행들도 그녀의 뒤이어질 이야기에 관심을 보였다.

"양재천, 안양천, 탄천이래. 양재천 옆 도곡동, 안양천 옆 목동, 탄천 옆 분당에서만 용이 나온다는 얘기지."

"어머? 하하하! 그거 말 되네, 말 돼."

"누가 지었는지 몰라도 그거 참 기발하다. 호호호!"

그녀들은 한참을 웃었다. 그때 한 명이 갑자기 정색을 하며 이야기를 꺼냈다.

"안 그래도 그것 때문에 우리가 보자고 한 거잖아. 우리 반포 쪽이 학교들은 괜찮은데 왜 도곡동이나 심지어 목동, 분당보다도 못한 거지?"

"못하진 않지. 그냥 워낙 그쪽이 극성이라고 소문이 나서 그런 거지, 순수하게 서울대, 연고대 진학률로만 보면 이쪽도 그리 밀리진 않을 거야."

"그래도 이 지역이 다른 지역보다 좀 치열한 맛은 없는 것 같아."

"맞아. 상문고 정도를 제외하고는 독하게 시키는 학교가 없지."

"상문도 예전만 못해. 우리 애 아빠가 상문 나왔잖아. 예전엔 등교하면 학교에서 수업 받는 시간이랑 빠따 맞는 시간이랑 비슷비슷했대."

"어머? 종훈 아빠는 공부를 못하셨나 보다."

"그런가? 자기는 우등생이었다던데?"

"거짓말했네. 호호호."

"가서 확인해봐라. 깔깔깔."

"근데 혜미 엄마는 뭐 해? 하루 종일 휴대폰으로 문자 보내고 있네."

"어머, 연애하는가 보다."

"누구랑? 혜미 아빠랑?"

"에이, 아니겠지."

"어머, 혜미 엄마 그렇게 안 봤는데. 엉큼하다. 호호호."

그녀들이 장난스레 놀리는 소리를 들으면서도 혜미 엄마는 큰딸 혜미에게 계속해서 문자를 보내고 있었다. 오늘 저녁 약속 때문에 학원 가는 걸 못 챙겨준 것이 못내 마음에 걸려서였다.

'엄마가 미안해. 집에 가서 창석이랑 잘 놀고 있어. 엄마도 곧

들어갈게.'

그때였다. 그녀들의 휴대폰이 동시에 울리기 시작했다. 다들 휴대폰 화면의 시계를 쳐다보았다. 벌써 자정이 넘어가고 있었다. 12시가 넘자 남편이나 아이들이 걱정이 되어 전화를 건 모양이었다.

"어머, 우리가 애들 얘기하느라 12시가 넘은 줄도 몰랐네. 이제 일어나."

"미안, 지금 바로 들어갈게."

"시간이 벌써 이렇게 됐네? 자기가 데리러 오면 안 돼?"

다들 남편들과의 통화에 바빴다.

혜미 엄마의 휴대폰도 울렸다. 전화가 온 것은 아니었다. 남편 친구인 민채 씨의 문자였다.

'상국이가 많이 취해서 저희 집에 뻗어 있네요. 재우고 내일 보낼게요. 그리고 상국이 좀 예뻐해주세요.'

학부모 모임에 참석한 엄마들은 통화를 마치고는 주섬주섬 짐을 챙기기 시작했다. 수다를 떠는 아줌마들의 기세에 눌려 문 닫을 시간이라는 말도 못 하고 그저 소심하게 째려보고만 있던 아르바이트 학생이 옳다구나 하고 와서 테이블을 치우기 시작했다.

"이게, 엄마들은 애들 이야기 나오면 이렇게 시간 가는 줄 모른다니까."

"그러게, 뭐 할 수 있겠어? 엄마들이 다 그렇지."

"그래도 우리 엄마들이 이렇게 극성스럽게 챙기고 관심을 가지니까 그나마 우리나라 가정이 제대로 돌아가는 거야."

"맞아. 아주 내가 그냥 피곤해 죽겠어. 살림하랴, 애들 돌보랴, 남편 돌보랴."

"그렇지. 남편도 돌봐줘야지. 어리광 받아주면서."

"맞아, 맞아. 호호호!"

가방을 챙겨 커피숍 문을 열고 나설 때까지 그녀들의 이야기는 끝이 없었다.

혜미 엄마는 그녀들과 인사를 나누고 집으로 향했다. 하지만 머릿속에는 온통 남편 친구 민채 씨가 보낸 문자 생각뿐이었다.

술에 취해 친구 집에서 자고 오겠다는 남편. 그리고 그런 남편을 좀 예뻐해주라는 친구의 문자. 머릿속이 무거웠다.

그때 다시 휴대폰이 울렸다. 아까부터 몇 시간째 보내는 문자에 단 한 번도 답을 주지 않았던, 딸 혜미의 문자였다.

'나 학원 마치고 독서실 왔는데, 공부하다가 2시쯤 들어갈게.'

혜미 엄마는 문득 자신이 제대로 살고 있는 것인지 의문이 들었다.

멀어져 가는 딸

역시 같은 날 같은 시간 S아파트 상가 내 L독서실.

인강(인터넷 강의)을 들을 수 있도록 마련된 PC룸에 앉아 있던 여학생들 중 한 명이 계속 휴대폰을 만지작거리고 있다.

"너 뭐 하는 거야? 강의 안 듣고?"

그러자 여학생은 휴대폰 화면에서 눈을 떼지 않은 채 건성으로 대답했다.

"엄마."

안 그래도 강의가 재미가 없었는지 두 사람은 함께 휴대폰을 보면서 소곤소곤 대화를 계속했다.

"엄마가 왜?"

"늦는다고 집에 일찍 가서 동생 돌봐주라고."

"동생? 창석이? 다 큰 애를 돌봐주기는 무슨. 그리고 아빠 퇴근하고 오셨을 거 아냐?"

"돌봐주라는 것보다는 PC게임 못 하게 잔소리하라는 거지 뭐. 그리고 아빠는 늦어. 일찍 오셔도 자기 방에 틀어박혀서 나와 보지도 않을 거고."

"하긴 우리 집도 그렇긴 해."

그러는 사이에도 휴대폰으로 계속 문자가 도착했다.

'엄마가 미안해. 집에 가서 창석이랑 잘 놀고 있어. 엄마도 곧 들어갈게.'

'혜미야, 엄마가 좀 더 늦을 것 같아.'

'혜미야, 집에 가서 창석이 PC 끄고 일찍 자라고 해.'

도착하는 문자를 함께 보던 친구가 혜미에게 말했다.

"안 되겠네. 혜미 너 얼른 집에 들어가야겠다."

보고 있던 친구 선주가 오히려 혜미의 귀가를 재촉했다. 하지만 혜미는 고개를 가로저었다. 문득 1년 전이 떠올랐다.

매일 늦으시던 아빠가 무슨 이유에서인지 일찍 들어오시던 때가 있었다. 단 며칠간이었지만.

그때 가끔 엄마가 외출을 하면 아빠와 혜미 그리고 동생 창석이, 셋이서 집에 있었다. 그럴 때면 집 안은 알 수 없는 적막감에 휩싸이고는 했다. 그렇다고 아빠가 불편하다거나 한 것은 아니었다. 보다 정확하게 말하자면 아빠와 함께할 것이 없었다. 고작 함께한다고 해봐야 TV를 켜놓고 치킨을 시켜 먹는 정도. 그마저도 하루 이틀 지나고 나자 지겨워지기 시작했다. 그러던 어느 날 아빠는 다시 무슨 생각이 드셨는지 원래처럼 늦게 귀가하기 시작했고, 혜미는 다시 평화로움을 느끼게 되었다. 그때 이후로 혜미는 가급적이면 학원을 마치고 나서 곧장 독서실에 왔다가 자정이 넘어서야 집에 가는 것이 습관이 되었다.

오늘 역시 엄마는 집에 일찍 가서 동생을 돌보라고 재촉했지만 혜미는 일찍 들어갈 마음이 없었다. 엄마가 없는 집에 일찍 들어갔다가 혹여 1년 전과 같은 어색한 상황이 생길까봐 걱정이 됐던 것이다.

그 와중에도 '얼른 집에 들어가지 않으면 혼날 줄 알라'는 엄마의 문자는 계속되었다.

"혜미 너 집에 안 가봐도 돼?"

선주가 진심으로 걱정되는 표정으로 물었지만, 엄마가 연속으로 보낸 장문의 '협박'문자를 가만히 쳐다보던 혜미는 갑자기 무언가 생각이 났다는 듯이 고개를 번쩍 들고 말했다.

"선주야. 우리 노래방 안 갈래? 내가 쏠게."

이야기를 마친 혜미는 선주의 대답은 듣지도 않은 채 휴대폰을 꺼내 문자를 보내기 시작했다. 아까부터 몇 시간째 오는 엄마의 문자에 처음으로 보내는 답 문자였다.

'나 학원 마치고 독서실 왔는데, 공부하다가 2시쯤 들어갈게.'

뒤이어 집에서 자신을 기다리고 있을 동생에게도 문자 한 통을 보냈다.

친구와 함께 가방을 챙겨 노래방으로 향하던 혜미는 문득 떠올려 보았다. 엄마, 아빠 그리고 동생 창석이의 얼굴을.

하지만 그 얼굴들은 금세 사라져버렸다.

아파하는
아들

그 무렵 창석이는 PC 앞에 앉아 있었다.

오늘 같은 날이 절호의 기회였다. 아빠야 당연히 늦을 거고, 엄마도 늦게 오실 것 같고, 누나 역시 방금 온 문자로 봐서는 일찍 들어올 생각이 없는 듯했다.

원래 9시가 넘으면 컴퓨터를 켜도 부팅이 안 되고, 숙제를 할 때나 특별한 경우에 엄마만 알고 있는 비밀번호를 입력해야 컴퓨터 사용이 가능했다. 하지만 그 비밀번호쯤은 이미 오래전부터 알고 있었다. 다만 아는 체하면 엄마가 번호를 바꿔버릴까 봐 모르는 척하느라 얼마나 애를 썼는지 모른다.

PC를 켜고 앉은 창석이는 마음이 급했다. 얼른 게임에 접속해서 캐릭터를 키우고 아이템을 모아야 했다. 오늘 할당량을 모두 채우지 못했을 경우 내일 학교에 가서 당하게 될 보복이 두려웠기 때문이다. 반에서 가장 축구를 잘하는 우식이를 포함해 어렸을 때 학교를 한 해 늦게 들어와서 자신이 형이라고 우기는 선호, 바로 옆에 있는 중학교 야구부 주장인 형을 둔 덕분에 목에 힘을 주고 다니는 재현이, 그리고 학교에서 제일 싸움을 잘하는 현수까지. 이들이 몰려다니며 돈을 빌리고(뺏고), 몸이 불편한 아이들을 놀리고, 심부름을 시키고, 숙제를 바꿔 치기 하며 친구들을 괴롭히고 있었다.

창석이네 반에는 턱뼈 교정을 위해 머리 위로 뒤집어쓰는 커다란 헬멧 같은 기계장치를 차고 다니는 친구가 있었는데, 이들은 이 친구를 '로보캅'이라고 부르며 장난스럽게 건드리거나 때리기 일쑤였다. 여자아이 중 안짱다리를 교정하기 위해 양쪽 무릎에 로봇 다리 같은 기구를 달고 절뚝거리며 다니는 아이도 이들의 괴롭힘 대상이었지만, 어느 날인가 고등학생인 그 여자애의 오빠가 찾아와서 한바탕 난리를 벌인 뒤로 아이들의 왕따 대상은 오로지 로보캅 한 명에게로 집중되었다.

창석이는 왕따나 괴롭힘의 대상은 아니었다. 이미 로보캅이 패거리들에게 얼마나 시달림을 받는지를 봐왔던 창석이는, 자신에게는 패거리들을 혼내줄 고등학생 형 대신 자기랑은 잘 이야기도 하지 않으려고 하는 새침데기 누나만 있다는 것을 잘 알고 있었다. 두말할 것 없이 그들에게 복종하기로 마음먹었다. 다행히 패거리들이 창석이에게 원하는 것은 분명했다.

평상시에도 창석이는 컴퓨터를 다루는 데 능했다. 게임 역시 마찬가지였다. 다른 또래들에 비해 게임을 다루는 솜씨가 좋았고, 어떻게 하면 점수가 나고 어떻게 하면 아이템을 보다 수월하게 획득할 수 있는지를 잘 알고 있었다. 패거리들이 창석이에게 원한 것은 게임 아이템을 모아서 상납하든지, 아니면 아예 자신들의 게임 캐릭터를 맡아서 성장시켜 주는 것이었다.

그 일을 맡기로 한 이후 창석이의 학교생활은 큰 문제가 없었다. 하지만 그건 패거리들이 지시한 일을 잘 해냈을 때의 일이었다.

얼마 전 아빠가 무슨 바람이 들었는지 7시쯤이면 퇴근을 해서 꼬박꼬박 집에 계셨던 때가 있었다. 아빠가 옆에 있다 보니 PC를 켤 수도, 게임 아이템을 만들거나 캐릭터를 키울 수도 없었다. 다음 날 학교에 가서 "어제는 게임에 접속을 못 해서 말한 아이템을 다 못 모았다"라고 얘기하자 그동안 잠시나마 패거리들의 횡포와 상관이 없었던 창석이에게도 왕따와 괴롭힘이라는 악몽이 시작되었다 그 순간 이후로 반의 어떤 아이도 창석이에게 말을 걸지 않았다(못했다는 표현이 맞겠다). 수업을 마치고 가방을 싸려고 하는데, 가방 안에 누가 넣어놨는지 다 터져서 줄줄 새는 우유팩이 들어 있는 날도 있었다.

결국 며칠을 참다가 엄마에게 "아빠 왜 집에서 밥 먹는대? 예전처럼 그냥 밖에서 먹고 들어오면 안 돼?"라는 말을 하고 말았다. 그리고 얼마 안 있어 신기하게도 아빠는 다시 예전처럼 밤 늦게 집에 들어오셨고, 창석이는 엄마의 눈을 피해 악착같이 필요한 게임 아이템들을 모을 수 있었다.

물론 어른들께 상담을 하거나, 문제점을 털어놓을까 고민을 안 했던 것도 아니었다. 하지만 도무지 말할 기회도 없었고, 말해봐야 뭔가 뾰족하게 해결될 방법도 없어 보였다. 어른들이 착각하는 것이, 속칭 '일진'이라고 하면 불우한 가정환경에서 태어나 주먹질만 하는 아이들일 거라는 고정관념이다. 패거리들 중 우식이는 축구도 잘하지만 공부도 반에서 5등 안에 드는 우등생이었고, 선호는 아버지가 학교운영위원회 회장이어서 선생님들도 각별히 아끼는 것이 눈에 띌 정도였다. 재현이는 평상시에는 조용한 모범생 타입이었고, 싸움을 제일 잘하는 현수 역시 선생님들이 보기엔 그다지 눈에 띄는 문제아가 아니었다. 게다가 현수네 엄마와 창석이의 엄마는 벌써 동네에서 10년 넘게 친하게 지내는 사이로 현수네 가정현편 역시 꽤 부유했다. 담임 선생님께 말해봐야 그저 "친구들끼리 사이좋게 지내야지" 하고 말 것이 뻔했다. 이미 다른 반 아이들의 이야기를 통해 이런 문제의 결말은 뻔하다는 것을 잘 알고 있었다.

창석이는 누구에게도 말할 수 없었다. 하루에 단 30분 얼굴 보기도 힘들고, 주말에는 잠들어 있는 것만을 봐왔던 아빠에게도, 현수네 엄마와 친하고 최근에는 누나 문제에 온 정신이 팔려 있는 엄마에게도, 무슨 말만 걸려고 하면 짜증부터 내는 누나에게도, 입만 열면 "친구끼리 친하게 지내야지"밖에 할 줄 모르는 담임선생님에게도. 그 누구에게 말할 수도, 말할 기회도 없었다.

창석이가 선택할 길은 오직 단 하나였다. 그저 오늘도 부모님이 늦게 들어오시기를 바라며 PC 앞에 앉는 수밖에….

마치 꾸며낸 이야기 같지만, 개인의 신상을 위해 가명으로 처리했을 뿐 21세기 대한민국의 오늘에 실존하는 가족의 모습이다.

하지만 무언가 조금 이상하지 않은가? 아니, 뭔가 가슴이 막막해지지 않는가?

가족이라는 이름으로 한데 묶어 이야기하기가 어색할 정도로 거리감이 느껴지고 삭막하다. 그렇다고 해서 이 가족의 자녀들이 심하게 엇나간다거나, 가족 간 모든 대화가 단절되었거나 억압이 심각한 문제가정도 아니다. 겉모습으로만 보기에는 지극히 평범한 보통의 가정이다. 그럼에도 불구하고 예전부터 우리가 알고 있던 가족의 모습과는 어딘가 많이 다르다.

과연 오늘날의 가족에게 어떤 일이 생긴 것일까? 그러한 일들은 우리 가족을 어떤 모습으로 변화시켰고, 그러한 변화가 의미하는 것은 도대체 무엇일까?

우리 가족, 이대로 괜찮은 걸까?

Part 2

가족의 변신:
혈맹에서 팀으로

과거의 가족 vs 현재의 가족: 바라보는 시선의 변화

항공기 비상상황을 대처하는 한 가족의 모습

2011년 6월.

인천국제공항에서 승객 241명을 태운 모 항공사의 여객기가 베트남 하노이를 향해 출발했다. 이륙한 지 2시간 반 정도가 지났을까, 비행기가 중국 상하이 인근 3만 피트 상공을 지날 무렵 기내 압력을 유지하는 장치에 이상이 생겼다는 경고등이 들어왔다. 기장은 승객들에게 비상상황임을 알리고 산소마스크를 착용하라고 안내한 뒤 항로를 급히 변경하여 상하이 푸동(浦東) 국제공항에 긴급 착륙을 시도했다. 다행히 비행기는 무사히 착륙했고 항공사 측에서 마련해준 대체 항공편으로 승객들은 무사히 하노이로 갈 수 있었다.

한바탕 소동을 겪긴 했지만, 그날 비행기에 탑승한 승무원들의 신속하면서도 안정적인 대처와 승객들의 질서의식 등은 무척 훌륭했다고 전해진다. 특히 산소마스크를 써야 하는 상황에 놀라 호흡곤란 증세를 보이는 노인 승객이 있었는데, 탑승한 승객 중 보건소에 근무하는 이가 있어 자발적으로 노인을 돌봐 안정을 취하게 했다는 후일담은 이 긴급했던 사고 소식을 한 편의 완벽한 미담으로 완성시켜 줬다.

그런데 공교롭게도 베트남으로 출장을 가기 위해 이 비행기에 탑승했던 지인이 후에 전해준 당시 비행기 안의 분위기가 상당히 흥미롭다. 기장의 안내방송이 있은 후 천장에서 노란 산소마스크가 달린 줄이 툭 하고 떨어지자 기내는 한바탕 혼란에 휩싸였다고 한다. 다만 영화에서 봐왔던 추락장면처럼 비행기가 요동을 치거나 화염에 휩싸이는 등의 상황은 아니었기에 승객들은 잠시 요동하다가 이내 안정을 되찾고 승무원들의 지시에 따라 이후 30여 분간 이어진 산소마스크 착용을 담담하게 참아냈다는 것이다. '흥미롭다'고 한 까닭은 승객들이 최초 안내방송이 나온 후 산소마스크를 착용하던 그 순간의 모습 때문이다. 가족 여행지로 인기가 있는 베트남 하노이로 가는 항공기였던 까닭에 승객들 중 상당수는 자녀나 노부모 등을 동반한 가족 여행객이었다고 한다. 그런데 최초 비상상황임을 알리는 방송이 나오고 나서 산소마스크가 천장에서 떨어지자 부모들은 먼저 자신의 산소마스크를 착용한 뒤 자녀와 노부모 등의 산소마스크 착용을 도왔다고 한다.

'그런데? 그게 뭐가 문제란 말인가?'

원래 항공기 비상상황 발생 시 행동수칙에도 건장한, 대응능력이 있는 청장년의 승객이 먼저 자신의 안전을 확보한 뒤 주변의 동료나 가족을 돌보도록 안내하고 있다. 그 이유는 자신을 돌보지 않은 채 섣부르게 가족들을 돌보려다 모두가 위험에 처하는 상황이 종종 발생하기 때문이란다. 하지만 그러한 수칙을 이륙 전 안내방송을 할 때 충분히 고지함에도 불구하고 과거에는 정작 비상상황이 발생했을 때 그러한 수칙대로 행동하는 청장년 가장들은 드물었다고 한다. 다들 가족들을 챙기기에 바빴다는 것이다.

시간을 25년쯤 전으로 돌려보자.

이날 하노이행 비행기에 탑승했던 지인은 국내 굴지의 건설사에서 해외 플랜트 건설을 담당하는 임원이었다. 그는 25년 전인 1986년 봄, 당시 입사 직후 해외 건설현장 근무를 하게 되었다고 한다. 첫 해외 근무지인 사우디를 가기 위해 도쿄에서 제다(Jeddah)로 가는 비행기를 타게 되었는데, 남지나해를 지날 무렵 터뷸런스(turbulence)*에 휘말려 비행기가 상하로 수십 미터 이상이나 요동치기 시작했다고 한다. 역시 비상방송이 나온 뒤 산소마스크가 천장에서 떨어지며 착용 지시가 내려졌는데, 당시 이 비행기에는 지인처럼 한국에서 사우디로 가는 해외 건설현장 근무자와 그 가족들이 대부분이었다. 그런데 최근 하노이행 항공기에서 발생한 일들과 비교해 '흥미롭다'고 할 만한 모습이 당시 제다행 항공기에서 벌어진 것이다. 대다수의 아버지들은 안전벨트를 착용하라는 지시도 어기고 그 자리에서 벌떡 일어나 자식과 부모 혹은 배우자의 산소마스크 착용을 도운 뒤 마지막으로 자신의 산소마스크를 착용했다고 한다. 그 사이 비행기는 마구 요동쳐서 나중에 기체가 안정된 뒤 사소한 타박상이나 찰과상 등을 포함하여 조금이라도 다친 사람을 조사해보니 모두 건장한 30~40대 가장들이었다는 웃지 못할 이야기였다.

도대체 25년이라는 시간 동안 무슨 일이 있었던 것일까?

....
* 비행 중 난기류 등으로 인해 기체가 상하로 심하게 요동치는 현상.

과거의 시선 세 가지

과거에, 특히 우리나라 가족관계의 특성을 나타내는 단어는 크게 세 가지였다.

'혈연적(Blood relative), 온정적(Warm-hearted), 필수적(Essential)' 이라는 세 가지 특성이 바로 그것이다.

첫째, 혈연적 특성이다.

물론 가족이라는 집단 자체가 부모와 자식, 형제자매 또는 남매라는 관계, 즉 일종의 피, 유전자의 공유관계를 기반으로 형성이 되므로, '혈연적'이라는 특성은 어쩌면 가족이라는 집단의 특성을 나타내는 가장 대표적이고 당연한 성질일 수도 있다.

그리고 그러한 혈연적 관계를 입증하고 계승시키며, 순수하게 관리하려는 시도는 우리나라뿐만 아니라 전 세계 대부분의 국가와 민족 구성원들 사이에서 나타나고 있는 공통된 성질이기도 하다.

실제로 독일의 경우만 하더라도 우리의 족보와 같은 가계도가 웬만한 가정마다 하나씩 비치되어 있으며, 그런 가계도를 연구하는 계보학(genealogie)이라는 학문이 마치 우리나라의 역사학과처럼 주요 대학마다 개설되어 있다.

미국도 마찬가지로 200년 조금 넘는 역사를 갖고 있음에도 불구하고, 심지어 아메리카 대륙으로 이주해 오기 이전인 유럽대륙 거주 시절 선조들의 역사까지도 다 추적하여 30대조, 40대조 조상들의 발자취를 모아 가계도를 만들어놓은 집안들이 있을 정도이다.

하지만 유독 우리나라의 가족들에게서 '혈연'을 강조하는 특징들이 두드러지게 보이는 이유는 무엇일까? 사회학자들은 그 이유를 우리의 근현대사에서 찾는 경우가 많다.

먼저 서양에서 가장 혈연을 많이 따지고 그 증빙서류라고 할 수 있는 족보에 대해 우리나라 이상 가는 관심을 보이고 있는 독일에 대해 살펴보자.

보통의 서양 사람 수준으로 가문과 혈연에 관심을 갖던 독일인들이 서양에서도 유별날 정도로 자신들의 혈연과 족보에 대해 관심을 갖게 된 계기는 나치 독일 정권을 거치면서다. 히틀러는 극단적인 인종차별정책, 유대인 배척정책을 펼치면서 그 일환으로 전 국민의 호적기록을 파헤쳐서 2대 위 조상까지 유대인과 피가 섞이지 않았다는 호적기록을 제출하도록 강요했다. 특히 나치스*의 핵심 당원이나 SS단** 같은 특수조직의 일원이 되려면 자신으로부터 시작해서 150년 이전 조상까지 유대인과 핏줄이 섞이지 않았다는 증빙서류를 제출해야만 했다. 심지어 SS단 같은 경우 국적이 독일이 아니라 하더라도 순수 게르만 민족 출신이라는 것만 입증되면 단원으로 받아들여 줄 정도였으니, 그런 시기를 겪은 독일인들은 자연적으로 혈연이라는 것의 중요성을 뼈저리게 느끼게 된 것이다.

한국은 어떨까?

일단 한국은 독일을 포함한 다른 나라보다도 훨씬 더 오랜 기간 동안 혈연이나 족보에 대한 관심을 가져왔다. 웬만한 집안에는 모두 족보가 한두 권씩 있으며, 그 족보에 기재된 시조가 되는 조상 또한 100~200년이 아니라 기본이 최소한 1000년 전 사람들로부터 시작된다. 심지어 설화에나 나올 법한 고대 영웅으로부터 가문의 역사가 시작된다고 주장하는 집안도 있을 정도이다. 하지만 과거 한국의 가족적 특성 중 혈연을 중시하는 문화가 다른 나라보다 특별히 더 강했다는 기록은 없다. 오히

....
* Nazi 또는 NSDAP로 불리는 민족사회주의 독일노동자당.
** SS단 또는 나치친위대로 불리며, 나치정권 하에서 가장 강력한 힘과 전투력을 자랑했던 히틀러 직속의 친위부대.

려 고구려의 데릴사위제도, 조선시대에 횡행했던 다양한 형태의 양자제도처럼 다른 성씨, 다른 혈족의 사람이라도 대를 잇기 위해 적극적으로 영입하여 인위적으로라도 다시 가족을 구성하는 형태가 빈번했다.

그러면 언제부터 우리나라 가족의 특성 중 혈연적이라는 특성이 도드라지게 되었을까? 이에 대해서는 몇 가지 설이 있다.

우선, 사회의 혼란으로부터 시작되었다는 설이다. 16세기 이래로 조선이 세 차례의 큰 전란(임진왜란, 병자호란, 정묘호란)을 겪으면서 '대를 잇는 것'에 대한 중요성을 인식하게 되었다는 것이다.

다음으로, 수차례의 사회적·정치적 변혁기(신하에 의한 왕위 교체, 당파들에 의한 당쟁 등)에 패자가 된 세력에 대해 승자가 된 세력들이 가한 가장 혹독한 징벌인 멸족, 연좌제에 의한 3대 멸절 등의 형벌이 횡행하면서 혈연에 의한 가족·가문의 소중함이 더욱더 절실해졌다는 설이다.

마지막으로, 일제강점기에 들어서 족보의 편찬이 가장 활성화되었다는 연구조사 결과를 바탕으로 외세의 침입에 따른 '혼혈에 대한 우려 탓에 핏줄·가문의 근본에 대한 고민이 심화되었다'는 견해도 있다.

어찌 되었든 한국의 가족은 다른 어느 나라보다도 훨씬 더 혈연에 의한 지배를 많이 받아왔다.

둘째, 온정적 특성이다.

한국 가족의 두 번째 특징적인 모습은 온정적인 모습이 강하다는 것이었다. 온정(溫情)이란 무엇인가? 말 그대로 '따듯한 마음'이다. 영어로는 warmth 또는 compassion으로 번역된다. 두 글자 모두 이성적이거나, 정확한 논리적 판단보다는 뭔가 불분명한 어떤 따스한 상태(warm)나 열정(passion)과 같은 감정에서 유래한 단어이다. 이러한 감정이 우리 한국의 가족 문화를 아우르는 대표적인 단어가 된 데에는 '가난한 나라'의 '더 가난한 국민'들을 부모, 조부모로 둔 우리의 아픈 과거가 한몫을 했다.

물론 급격한 발전과 사회적 진보를 겪은 대부분의 나라가 그러했지만, 우리나라처럼 초고도의 압축, 고속성장을 거듭해온 나라에서 다음 세대의 성장은 이전 세대의 헌신과 희생에서 비롯된 경우가 많았다. 증조부모 세대들의 목숨을 내건 독립운동 덕분에 우리는 해방된 나라에서 삶을 시작할 수 있었고, 조부모들은 자기 앞으로 부쳐 먹을 땅 한 평 없는 처지에서 굶어

가면서도 자식들은 더 좋은 학교에 보내서 더 많은 공부를 시켜 우리나라를 전 세계에서 가장 낮은 수준의 문맹률을 자랑하는 국가로 만들어냈다. 지금의 부모 세대들 대부분은 개인적 영달을 포기하고 적극적인 시민운동을 펼쳐 한국을 가장 빠른 시간 내에 서구 수준의 높은 민주주의가 정착된 국가로 만들어냈고, 또 전(前) 세대로부터 물려받은 세계 최고 수준의 교육열을 바탕으로 '사교육 왕국'이라는 오명을 얻을 정도로 자녀들의 교육에 많은 자원들을 쏟아부었다. 그를 바탕으로 대한민국은 다른 나라들이 수천 년 만에 겨우 이룬 부(富)와 사회적 발전을 단 60여 년 만에 이룩할 수 있었다.

때문에 우리가 누리고 있는 것들의 대부분은 순차적이고 체계적이면서도 장기간에 걸쳐 발전해온 서구 국가들과 달리 전 세대의 전적인 희생으로 얻게 된 것들이 많다. 그로 인해 나에게 이러한 것들을 물려준 전 세대에 대한 감정이 '멋지고, 영웅적이고, 위대하고, 강력한'이라고 느끼는 서구인들에 비해 우리나라 사람들에게는 '숭고한 희생과 헌신에 대한 무한한 감사'의 감정과 더불어 '불쌍함, 아련하고 애절함, 한(恨)'과 같은 복잡다단한 감정이 함께 묻어 나오게 된 것이다.

따라서 이러한 감정의 공유를 기반으로 한 한국의 가족들은 가족 구성원들에 대해서도 다른 서구의 가족들에 비해 좀 더 애틋할 수밖에 없었다. 부모는 자신을 희생해서라도 자녀에게 무한한 헌신과 배려를 해주기 위해 노력하고, 자녀들은 그런 부모의 노력에 답하는 차원에서 최대한 늦게까지 (독립을 하지 않고) 함께하며 그들에게 재롱을 떨고 기쁘게 해주며 봉양하는 것을 최고의 미덕으로 알았다. 거기에는 과거로부터 내려오는 유교사상도 큰 몫을 했다. 유교에서 효(孝)라는 사상의 기본 중 하나가 '부모로부터 분리되지 않는 삶을 사는 것'이었으므로 한국의 가족은 가족 구성원 하나하나보다는 가족이라는 집단을 더 우선시하는 분위기가 이어져 내려왔다. 그리고 그렇게 될 수 있었던 가장 큰 원동력 중의 하나가 부모가 자식을 위해, 자식이 부모를 위해 베풀었던 '온정'이었다

셋째, 필수적 특성이다.

한국에서 가족은 필수적인 존재였다.

한때 북한의 폐쇄성, 독재국가로서의 문제점을 증명하는 사례로 오호담당제(五戶擔當制)라는 것이 있었다. 1958년 7월에 평안북도 창선군을 방문한 김일성이 민주선전실을 시찰하며 간부들에게 "간부 1명이 5호씩 책임지고 교양사업과 경제과업 등

을 지도하도록 하고 당위원회는 그들을 상대로 과업을 주고 그 집행상태를 종합하면 일이 잘될 것이다"라고 지시했다는 데에서 유래가 된 제도이다. 이후 도입된 '전 국토의 요새화 작업' 등과 함께 북한 사회를 더욱 폐쇄적으로 감시하며 간섭과 통제가 이뤄지는 사회로 만드는 데 일조를 했다. 그런데 사실 알고 보면 이 오호담당제는 김일성이 최초로 착안하여 시행한 것이 아니었다.

그 내용과 그를 시행한 정부의 성격 등은 다르지만, 이미 수백 년 전 조선 정부도 이러한 형태의 행정구역 관련 정책을 시행한 바가 있다.

세조가 '나의 장량(張良)*'이라고 부르기도 했다던 책사(策士) 한명회는 1485년(성종 16년)에 오가작통법(五家作統法)이라는 것을 만들어 조선의 법전인 《경국대전(經國大典)》에 실었다. 그 내용은 '5개의 호(戶)를 모아 1개의 통(統)으로 하고, 5개의 통을 모아 1개의 리(里)로 하며, 3~4개의 리를 묶어 1개의 면(面)으로 한다'는 것이었다. 각 통에는 통주(統主)를, 면에는 권농관(勸農

••••••••••••••••••

* 중국 한나라의 정치가로서 유방(劉邦)을 도와 항우(項羽)를 물리치고 한나라를 개국했다. 소하(蕭何), 한신(韓信)과 더불어 한나라 건국 3인방으로 추앙을 받았다. 뛰어난 상황 판단과 창의적인 책략으로 '군막에서 세운 계책으로 천 리 밖에서 벌어진 전쟁을 승리로 이끈 인물'이라는 극찬을 받기도 했다.

官)이라는 직책을 두어 조세를 징수하고 부역을 동원하며 조선의 국가 운영논리인 유교적 전통에 위배되는 폐륜아들을 포함한 범죄자를 색출하는 등의 임무를 주었다. 이후 이와 같은 제도는 일제강점기에도 약간의 변형만 되었을 뿐 그대로 유지되었으며, 현재까지도 리, 통, 면 등의 호칭과 그 기본 개념은 그대로 이어지고 있다.

설명이 조금 길었지만, 이처럼 우리나라는 그 당시 상상할 수 있었던 최대의 집단 단위인 국가를 이루는 기본을 '호'로 보았다. 호는 단순히 하나의 건축물로서의 집을 뜻하기도 하지만, 그보다는 그 집 안에서 하나의 가정을 이루고 사는 가족을 단위로 보았다고 해야 맞겠다. 즉 국가의 기본을 각 가정으로부터 시작된다고 보았던 것이다.

같은 맥락으로 '가화만사성(家和萬事成)'이라 하여, 가정이 화목하면 세상만사가 다 잘 이뤄진다는 이야기가 진리처럼 통용되어 왔고, 조선조의 국가 경영이념을 제공했던 유교의 중요한 경전 중 하나인 《대학(大學)》에서도 '수신제가치국평천하(修身齊家治國平天下)'라고 하여, 자신의 몸을 갈고닦는 것과 더불어 가정·가족을 잘 다스리는 것이 나라를 다스리는 것과 천하를 얻는 것의 시작임을 이야기하고 있다. 이는 비단 '작은 일'을 잘 처리해야 '큰 일'을 도모할 수 있음을 말하려는 것뿐이 아니라 우리의 옛 조상들이 가족·가정을 얼마나 소중히 생각했는지를 알 수 있게 한다.

이처럼 한국의 전통적인 가족은 '혈연적, 온정적, 필수적'이라는 세 가지 특성을 유지한 채 그 조직적 차별성과 고유의 문화 등을 오랫동안 유지해올 수 있었다.

현재의 시선 세 가지

이랬던 한국의 가족에 대한 일반적인 시선이 최근 들어 급격하게 달라지고 있다.

2002년 여성한국사회연구소의 조사 결과에 따르면 1970년대만 하더라도 혼인의 동기를 '가계 계승'이라고 답한 사람이 가장 많았으나, 1980년대에 이르면 대체로 '사랑하기 때문에'가 절대다수의 답변이 되었다고 한다. 자신의 선택보다는 수백 년 또는 수천 년간 이어져 내려온 가문의 한 일원으로서 '혈연적, 필수적'으로 만들어내야만 했던 가족·가정이라는 집단을 이제는 본인과 배우자의 사랑의 결과로, 즉 가족·가정의 성립에 두 사람의 선택이 가장 우선시되는 분위기로 바뀌었다는 것이다.

기존에 '가족'이라는 단어를 종교, 신앙, 자연물과 유사하게 받아들였던 분위기에서 이성적으로 살피고, 때로는 과학적·논리적으로 분석을 하고 인위적인 변화를 가하는 것도 가능하다는 분위기가 어느 정도 조성되고 있는 것이다.

이러한 가족에 대한 인식의 변화는 당연히 서구 선진국으로부터 먼저 시작되었다.

미국의 유명한 TV 비평가인 페기 카렌(Peggy Charren)은 그의 책《채널을 바꾸며(Changing Channels: Living Sensibly)에서 다음과 같이 말했다.

1950~60년대 텔레비전에서 보여주는 전형적인 가족의 모습은 엄마·아빠가 언제나 자녀들을 끔찍이 위하며, 언제나 귀엽게 묘사되는 아이들은 기껏해야 숙제를 못하거나 졸업 파티에 참석하지 못하는 것을 가장 나쁜 문제로 여기는 등 항상 완벽한 가정이었다. 텔레비전이 묘사하는 가정에서 어머니는 늘 쿠키와 우유를 준비하고 자녀들 주위를 맴돌며, 아버지는 모르는 것이 없는 사람으로 묘사된다. 심지어 편부모 가정을 그리는 드라마에서도 가족들은 아주 사소한 것을 가지고 다툴 뿐이다. 비록 이 프로그

램들이 실제 미국 가족을 반영하지는 않았지만 많은 시청자들을 끌어들이는 데 성공했으며 시청자들에게 즐거움을 주었다.

공간적 배경이 가족이라고 하면 이러한 모습으로 인식하는 것을 당연시했기 때문에 TV 프로그램에서도 가족의 모습은 항상 그렇게 그렸던 것이다. 그러던 것이 서양의 경우 1980년 대의 보수적인 분위기(미국의 레이건 대통령이나 영국의 대처 수상 시절 등)를 벗어나 1990년대에 들어서며 다양한 모습으로 그려지고 있다. 우리나라에서도 인기를 끌었던 미국 드라마 〈위기의 주부들(Desperate Housewives)〉[*]이나 〈형제자매들(Brothers & Sisters)〉^{**}과 같은 것들이 대표적이다.

이와 같은 모습은 우리보다 서구화가 먼저 진행되고 사회적 발전도 빨랐던 일본도 마찬가지다. 1980년대 일본의 저명한 여류 법조인이자 소설가였던 긴조 기요코(金城淸子)는 그의 책《가족이라는 관계(家族という關係)》에서 "일찍이 여러 가지 기능으

· · · · · · · · · · · · · · · · · · · ·
* 미국 ABC방송에서 2004년부터 방영되고 있는 드라마로 평범하게 보이는 가정주부들과 그 가족의 일탈과 비밀 등으로 일그러진 모습들을 그려 큰 인기를 끌었다.
** 미국 ABC방송에서 2006년부터 방영된 드라마로 가사 대신 기업을 이어받은 장녀, 이혼한 장남, 영부인이 되는 차녀, 게이인 차남, 문제아 막내아들과 배다른 막내 여동생 등 일상적이지 않은 가족 구성원들의 이야기가 주된 내용이다.

로 사람들의 생활을 전적으로 지배하던 가족이 점차 그 기능을 잃어가고 있다. 가족의 기능은 구성원의 인격을 안정시키는 것, 아이를 사회화시키는 것, 이 두 가지로 축소되어 버렸다"라며 일본 가족 기능의 변화를 이야기한 바 있다.

한국의 경우, 이들보다는 좀 늦었지만 급격한 사회적·경제적 발전 속도만큼이나 빠른 속도로 가족의 성격 변화가 진행되었다. 현대 한국의 가족은 과거 '혈연적, 온정적, 필수적'이라는 특징을 완전히 탈피하지는 못했지만, 그러한 특징이 많이 약해지고 있으며, 대신 다른 특징적인 모습들이 추가되어 새로운 성격의 집단으로 변화해가고 있다. 그러한 새롭게 강조되고 있는 특징들은 대체적으로 '적극적 공유, 활발한 상호 피드백, 개별성의 인정'의 형태로 나타나고 있다.

첫째, 적극적 공유이다.

과거 우리의 어린 시절에 부모님들로부터 가장 많이 들었던 말은 "니(너희)들은 몰라도 돼"였다. 어른들이 말씀하실 때 아이들이 자신의 의견을 말하는 것은 물론이거니와 심지어 그 말씀을 곁에서 듣는 것까지도 허용되지 않았던 것이 우리의 가정 분위기였다. 그러던 것이 지금은 부모만 알아야 할 일이나 자녀만 알아야 할 일의 구분이 없어지고 있다.

국내 모 기업의 CFO인 최태경(가명) 전무는 몇 해 전 놀라운 경험을 했다. 자신이 몸담고 있는 회사의 주요 투자자인 미국의 모 투자펀드 회장을 만나기 위해 뉴욕의 부촌 중 하나인 롱아일랜드(Long Island) 골드코스트(Gold Coast)에 있는 그의 저택을 방문했을 때의 일이다. 저택의 2층에서 가장 넓은 공간을 차지하고 있는 회장의 서재에서 미팅을 하게 되었는데, 놀랍게도 미팅 장소에 12살 먹은 회장의 막내아들이 함께했다는 것이다. 그것도 잠시 머무는 것이 아니라, 테이블의 한쪽 자리를 당당하게 차지하고 앉아서 면담의 일원으로 참석하도록 했다는 것이다. 1시간여의 미팅이 끝난 뒤 최 전무가 회장에게 "나이 어린 자녀분이 면담에 참여한 것이 참 인상적이었다"라고 말을 건넸다. 그랬더니 그는 오히려 '별걸 다 신기해한다'는 투로, 전통적인 유대인 가정에서는 말귀를 알아들을 나이가 되면 부모들이 이야기를 나눌 때 참여하게 하거나, 심지어 장사를 하는 사람들의 경우 거래나 교섭의 자리에 자녀들을 함께하도록 하는 게 전통이라고 하더라는 것이다. 그런 경험을 통해 부모 혹은 조부모의 노하우, 아니 그보다 훨씬 오래 전부터 유대인들 사이에 면면히 이어져 내려온 장사와 사업, 의사결정과 판단의 소중한 경험들을 자녀들이 자연스럽게 습득하도록 한다는 것이었다.

그런데 진짜 최 전무가 경험한 놀라운 일은 뉴욕의 유대인 금융 갑부 집에서의 그 일이 아니었다. 그 당시 무렵만 하더라도 최 전무는 자녀를 주요한 사업 미팅에 참여시키는 일을 일부 유대계 금융가문의 전통 정도로 이해했다. 정작 놀라운 일은, 한국에 들어와서 만난 사업가나 대학교수인 지인들에게 뉴욕에서 겪었던 일에 대한 이야기와 소감을 전했을 때 그들이 보여준 반응이었다. 상당수의 지인들이 '그게 뭐 어때서?'라는 반응을 보인 것이었다.

실제로 현대 한국의 많은 부모들이 가정 내 주요 의사결정 시에 배우자는 물론 자녀들과 그 내용을 공유하고 그들의 의견을 청취하는 것을 당연하다고 여기고 있다. 더구나 그 의사결정을 해야 할 사안의 범위는 단순히 애완견을 기를 것인지 말 것인지, 벽지를 분홍색으로 할 것인지 하늘색으로 할 것인지에 그치지 않는다. 앞서 예로 든 뉴욕의 유대계 금융 갑부처럼 주요한 사업과 관련된 내용까지는 아니더라도, 거주지 이전이나 차량의 교체, 가장의 이직이나 진학 문제 등 예전 같으면 가장 혼자서 또는 기껏해야 부부간에만 이야기해서 결정했을 일들도 자녀들을 포함한 전체 가족과 기꺼이 공유하는 모습이 일상화

되었다는 것이다.

　가족 구성원을 그 역할(부모인지 자녀인지 등), 나이〔장남(녀)인지 차남(녀)인지 등〕를 따지지 않고 하나의 존중받는 개인으로 대하고, 그들과 가족 내 정보를 공유하는 것이 우리가 사는 현대 가족을 과거의 가족과 구분 짓는 세 가지 특징 중 하나가 되었다.

　둘째, 활발한 상호 피드백이다.

　우리나라가 유교와 유학을 받아들이고 그를 우리 국가 운영 논리, 가정윤리의 근간으로 활용하게 되면서 함께 유입된 문화적 특성들이 여러 가지 있는데, 그중 가장 큰 영향을 미친 것 중 하나가 바로 장유유서(長幼有序)의 문화이다. 다른 어떤 것보다 우선해서 그 사람의 나이를 기준으로 하여 사람의 서열을 매기고 그에 따라 존경받아야 할지 혹은 존경해야 할지 등의 역할을 부여하거나 윗목·아랫목의 자리 배치를 한다거나 심지어 급여 등에 있어서까지 차별을 하던 문화는 많이 사라졌다고는 하지만 근래까지도 면면히 이어져 내려와서 가족 간 커뮤니케이션에서도 그대로 남아 있었다. 그러한 장유유서의 문화가 가족에 미친 두 가지 큰 영향은 커뮤니케이션의 일방향성과 총량의 축소였다.

아버지가 이야기하면 자식은 잠자코 듣는 것이 미덕이요, 혹여나 자식이 부모님의 이야기에 반론이라도 제기하면 그 내용의 타당성 여부와 상관없이 "어디 버릇없이 부모의 말에 토를 다니?"라거나 "어디 꼬박꼬박 말대꾸를 해?"라는 질타를 당해야 했다. 그러다 보니 가족 내 커뮤니케이션은 가장인 남편이 부인에게 행하는 질책과 타박, 부모가 나이 어린 자식에게 행하는 질책과 훈계 등 일방적인 형태를 띠게 되었으며, 대화나 토론이 이루어질 수 없었기에 부모 자식 간에 나눌 수 있는 커뮤니케이션의 총량 자체도 다른 여느 인간관계보다 적은 것이 특징이었다.

그러던 것이 현재의 가족에서는 전혀 반대로 바뀌었다.

길을 가다 보면 신장개업을 한 음식점에서 나눠 주는 홍보전단을 받게 된다. 그 전단지만 봐도 알 수 있다. 전단지의 문구나 개업기념 선물은 대부분 그 타깃이 해당 음식점을 방문할 만한 연령대의 가족들 중 가장 어린 자녀들의 눈높이에 맞춰져 있는 것이다. 집에서 치킨이나 피자를 시켜 먹을 때 혹은 가족 외식을 할 때 메뉴나 업체 선정에서 가장 큰 영향력을 발휘하는 사람이 자녀들이라는 것을 업주들이 간파하고 있기 때문이다.

단순히 외식 메뉴 결정에만 이러한 자녀 주도의 커뮤니케이션
이 일어나는 것은 아니다. 최근 들어 가족모임들을 보면 장년의
부모가 하는 이야기에 유소년 자녀들이 자신들의 의견을 제시하
거나 심지어 적극적으로 반론을 제기하는 경우를 심심치 않게
볼 수 있다. 이를 단순히 버르장머리 없는 요즘 애들의 말버릇으
로만 볼 게 아닌 것이, 그것이 단순한 말대꾸가 아니라 서로의
주체성을 인정해주는 대화의 형식을 띠고 있다는 것이다. 즉 과
거 일방향으로 흐르며 지시와 복종 관계였던 가족 내부의 커뮤
니케이션이 서로 개입을 하면서 적극적으로 영향력을 발휘하는
상호작용 관계로 변모하고 있다는 것이다.

셋째, 개별성의 인정이다.

몇 해 전 모 공기업 간부로 정년퇴임하고 지금은 민간 건설회
사 감리팀에서 고문을 맡고 계신 선배님이 우스갯소리로 해주
신 말씀이 있다. 자신이 사회 초년병 시절 입사한 뒤 가장 처음
으로 겪었던 일생일대의 고비가 회식 자리에서 당시 모시던 부
장님을 포함한 모두가 자장면을 시켰는데, 본인만 짬뽕을 시켰
을 때였다는 것이다. 당시에 '다르다'는 것은 곧 '나쁘다, 그릇되
다'였다.

이러한 사회 분위기는 가족이라고 해서 별반 다를 것이 없었다. 과거 가족의 특성은 통일성, 획일성에 있었다. 흔히 '누구누구네 집'이라고 하면 한데 뭉뚱그려져서 개인이 아닌 그 가족집단으로 평가받고는 했다. 아버지가 술주정뱅이로 유명한 한량이었으면, 그 아들(또는 딸)인 내가 아무리 열심히 공부하고 똑바로 살더라도 동네에서 나는 그 '고주망태 한량의 아들(또는 딸)'로 살아갈 수밖에 없었다. 연좌제(緣坐制)*는 조선시대 이후 사라졌다고 하지만, 가족이 상징하는 획일성, 통일성, 집단성 등의 영향으로 그 안에서 개인이 함몰되는 특징은 유지되어 왔다. 하지만 급속한 도시화의 진전과 아파트와 같은 폐쇄적이고 개별적인 생활이 보장되는 거주형태의 폭발적인 증가, 고향 마을이나 시골과 같은 개념의 쇠퇴와 촌락 단위 문화권의 붕괴 등으로 과거와 같은 가족 집단에 대한 획일적인 이해는 이제 사라져가고 있다.

알고 지내는 지인 중 구한말 무렵부터 전북 군산에서 고기를 잡아 팔던 어부 집안이 있다. 족보 등을 잘 관리해온 선비나 학

---

* 중죄를 진 범죄자의 경우 죄를 진 당사자뿐만 아니라 그 부모와 자녀, 크게는 친지까지 죄를 물었던 제도. 조선에서는 1894년 갑오경장 이후 폐지되었으나 공식·비공식적으로 계속 효력을 발휘해오다 1981년 3월 24일 내무부 지침으로 공식 폐지되었다.

자 집안과 달리 이 가족의 경우 집안 내력에 대해 제대로 정리가 되어 있지 않아 정확한 시기를 알 수는 없다. 하지만 최소한 조선 말기부터는 지금 살고 있는 곳에 자리를 잡고 살아왔을 것으로 추정되는데, 그들이 군산 앞바다에서 어업에 종사한 기간은 그보다 더 오래 전부터 시작되었으면 시작되었지 더 짧지는 않을 것이라는 게 이웃들의 증언이다. 따라서 이 가족은 최소 수십 년에서 최장 수백 년간 어부 집안으로 그 명맥을 이어왔고, 아버지의 형제, 할아버지의 형제, 그 윗대 할아버지의 형제까지 집안의 어른들은 모두 군산 앞바다에서 고기를 잡는 사람들이었다. 근방에서 '순양호 선주집'이라고 하면 그 가족은 당연히 순양호를 타고 바다로 나가거나, 순양호가 바다에서 잡아 온 우럭을 가공하거나 판매하는 사람들을 뜻했다.

하지만 현재 이들 가족의 3남매 중 누구도 군산 앞바다에서 고기 잡는 일을 하는 사람은 없다. 심지어 군산은커녕 같은 한국 땅에 거주하는 사람도 없다. 큰딸은 유럽에 나가서 공부를 마친 뒤 계속 유럽에 남아 무역금융 관련 업무에 종사하고 있고, 둘째 딸은 한국에서 일본 관련 분야 학위를 받은 뒤 일본 규슈의 한 대학에서 국제정치학 교수로 근무하고 있다. 아들인 막내 역시 한국에서 공부를 마쳤지만, 중국에 머물며 모 한국

기업의 중국법인에서 근무 중이다.

이들 가족 구성원 대부분은 군산 앞바다에서 멀리 떠나와 어업과는 전혀 상관없는 일을 한다. 일상생활에서 사용하는 언어를 보면 부모님은 우리말 전라도 사투리, 장녀는 프랑스어와 영어, 차녀는 일어와 영어, 막내아들은 중국어와 영어로 제각기 다르다.

그럼에도 불구하고 그들은 서로 눈물겹도록 보고 싶어 하고, 만나면 몇 날 며칠 이야기를 나눠도 시간이 모자란 가족이다.

한 지역에서 나고 성장하여 살다가 죽는 것이 일반적인 구미 각국이나 아직까지도 가업을 이어받는 것이 당연하게 인식되는 일본 등과 달리 태어나면서부터 부모와 다른 삶(정확히는 부모보다 나은 삶)을 끊임없이 강요받으며 보다 새로운 세계, 보다 업그레이드된 사회적 관계로 나아가기를 요구받는 한국의 가족 구성원들은 그 여파로 획일적인 가족 공동의 문화, 직업, 언어, 환경보다는 각기 개별성이 강조된 삶을 살아가는 것이 일반적이 됐다.

이렇게 우리도 모르는 사이에 현대의 대한민국에서 가족은, 그리고 그를 대하는 우리의 생각과 시선은 과거와는 비교할 수도 없을 만큼 많은 부분에서 달라지고 있다.

21세기 한국에서 가족으로 산다는 것

21세기 한국.

가족의 의미는 무엇일까?

21세기 한국 가족의 특징은 한마디로 얘기하자면 '아이돌 그룹(Idol Group)'이다.

과거의 가족은 중창단이었다. 물론 그때도 가족 안에서 서로의 역할과 지위, 상하관계 등이 있었다. 하지만 그 모든 것은 가족을 구성하는 개인보다는 철저하게 가족이라는 하나의 단위로 만들어내는 화음을 위한 것일 뿐이었다. 그들은 지휘자(주로 가장인 아버지 혹은 어머니, 그들이 없을 경우 큰형님이나 큰언니)들의 지휘에 맞춰 일사불란하게 하나의 가족으로서 목소리를 내야 했다.

반면 아이돌 그룹이 된 현대의 가족은, 필요할 때 하나의 목소리로 하나의 화음을 만들어내야 한다는 점에 있어서는 과거의 중창단 가족과 동일하다. 하지만 아이돌 그룹은 처음부터 끝까지 같은 자리에 서서 고정된 역할을 맡아 마치 한 사람이

내는 목소리처럼 고운 목소리를 내지는 않는다. 그보다는 때로 서로 리더의 역할을 바꿔가며 무대를 지배하고 함께 화음을 맞춰가다가 갑자기 등장한 다른 한 명이 속사포처럼 랩을 쏟아내서 흥을 돋우기도 한다. 단체로 매스게임과도 같은 군무(群舞)를 추다가 순간 모두가 멈추고 오직 한 명이 돋보이는 솔로 댄스를 추기도 한다. 그뿐인가? 각자의 적성에 맞춰 연기나 버라이어티쇼 출연과 같은 개별 활동을 하기도 하며, 때로는 솔로로 앨범을 내거나 심지어 다른 아이돌 그룹의 멤버와 한시적이지만 듀엣을 결성하여 활동을 하기도 한다. 그럼에도 불구하고 그들은 때가 되면 자신이 소속된 아이돌 그룹으로 돌아와 음반을 내고, 공연을 하며, 형제 이상의 우애를 나눈다.

이럴진대, 그러한 가족의 일원으로 살아가는 우리들도 가족의 안녕과 성공 등을 바라보는 시선과 태도를 달리해야 하는 것은 아닐까?

나중에 알게 된 사실이지만, 앞서 예로 들었던 이상국 부장의 경우 두 부부가 가족을 바라보는 시선과 태도는 전적으로 과거에 부모가 지배하되 헌신하고, 자녀들은 복종하되 무한한 사랑을 일방적으로 누리던 시절의 그것에서 전혀 한 발자국도 진전되지 않았다. 이제는 그런 시선과 태도에서 벗어나 새롭게 변해가는 가족, 가족 구성원, 가족 분위기에 맞는 다른 방식에서의 접근이 필요하다. 그래야 가족 구성원들이 가족이라는 테두리 안에서 만족하고 발전하여 결과적으로 가족이 모두 성장하고, 그로 인해 다시 가족 구성원들이 가족이라는 집단에 만족하고 그에 기여하기 위해 더욱더 노력을 하는 바람직한 선순환 관계가 형성된다.

다시 앞으로 돌아가서 위급한 상황이 벌어져 산소마스크 착용 지시가 내려진 항공기 안으로 가보자. 1986년 제다로 가던 항공기와 2011년 하노이로 가던 항공기. 현실은 그렇지 않았지만, 승객들이 느끼는 감정은 아마도 '항공기가 추락할 수도 있겠구나'였을 것이다. 당연히 그러한 급박한 상황에서는 본성이 솔직하게 드러날 수밖에 없다. 때문에 아주 짧고 간단한 해프닝이지만, 당시의 사람들이 가족을 바라보는, 그리고 가족들이 서로를 대하는 솔직한 모습을 살펴볼 수 있다.

1986년 당시 가장들이 가족들을 바라보는 시선은 '내가 모든 것을 바쳐서 지켜내고 구해내야 하는 어떤 숭고한 무엇'이라는 생각이 강했다. 즉 '설혹 내가 위험에 처하거나 목숨을 잃을지도 모르는 위험에 처해질지라도 지켜내야 한다'는 마음이 앞

섰을 것이다.

반면 2011년의 가장들이 가족을 바라보는 시선은 그와는 조금 달라진 것처럼 보인다. 물론 가장으로서 내 가정을 지키고 위험에 처한 가족들을 구해야겠다는 생각은 예나 지금이나 똑같을 것이다. 하지만 단순히 감정적으로 대처하기보다는 지금 이 상황에서 가족을 진정으로 위하는 것이 무엇인지를 냉철하게 생각한 뒤 차분하게 그를 위한 행동을 해나가는 모습에서 이제까지 변해온 가족의 모습, 그리고 앞으로 변해갈 가족의 모습을 발견했다고 하면 지나친 억측일까?

물론 단순히 이러한 모습만을 가지고 가족을 바라보는 시선과 태도가 변했다고 단정 짓는 것은 지극히 위험한 일반화의 오류일 수도 있다. 실제로 항공 전문가들 중 일부는 해외여행이 일상화되면서 일반 승객들의 항공기 탑승 경험이 늘어나 탑승 문화가 성숙해진 결과라고 분석하는 이들도 있다. 타당한 견해이다. 하지만 이 항공기의 사례뿐만이 아니더라도 앞서 예로 든 이상국 씨 가족을 포함한 이 시대의 수많은 가족들의 모습에서 분명 우리가 알던 '가족'이 너무도 다른 의미, 다른 모습으로 변해왔고, 변해 있고, 또 변해갈 것임을 쉽게 알 수 있다.

그렇다면 새롭게 변화한, 그리고 변화할 가족들에게 필요한 성공과 성장의 방식 또한 과거와는 많이 다를 것이다.

어떻게 하면 성공적인 가족이 될 수 있을까? 과거와 같은 방식이 여전히 의미 있는 방식일까?

과거의 가족 vs 현재의 가족: 성공의 변화

개천에서 용 난다―성공은 가족의 합작품이다

앞서 이야기한 것처럼 가족의 성격, 구성원들의 역할, 분위기 등이 변하면서 '가족의 성공'이나 '성공적인 가족'에 대한 정의도 점점 달라지고 있다.

한때 우리나라에서는 보잘것없는 환경에서 자신의 노력을 통해 성공을 거둔 사람들을 일컬어 "개천에서 용 났다"는 말을 했었다. 그러던 것이 사회가 고도화되고 양극화의 심화, 부유함과 빈곤함의 대물림 등의 현상이 거듭되면서 "이제 더 이상 한국 사회에서는 개천에서 용이 나는 일은 없다"라는 단언이 기정사실로 인식되었다.

그런데 최근 들어 다시 "개천에서 용 난다"는 말이 심심치 않게 들려오고 있다. 무슨 말인가 하고 봤더니, 앞서 이상국 씨 부인이 지인들과의 대화에서 나눈 우스갯소리처럼 개천에서 용이 나기는 하는데, 그 개천은 대규모 학원들과 초고가 아파트들이 몰려 있는 대한민국 사교육 1번지 도곡동 근처를 흐르는 양재천, 중산층 이상이 사는 대규모 아파트 단지가 밀집되어 있어 입시에 대한 정보력에 있어서는 강남에 결코 뒤처지지 않는다고 자부하는 목동 근처의 안양천, 그리고 신흥 부자 및 고소득 전문직 부모들이 집단으로 거주하는 '천당 밑의 분당'을 가로질러 흐르는 탄천, 이렇게 세 개천에서만 용이 난다는 것이다. 그 조어의 재치에 웃음이 나면서도 우리의 감추고픈 현실을 그대로 나타낸 듯하여 씁쓸함을 지울 수가 없다.

그런데 사실부터 이야기하자면 오늘날의 대한민국에서는 개천에서 용이 나기도 하고 안 나기도 한다. 무슨 말일까?

이 "개천에서 용 났다"는 말의 저변에는 '별 볼일 없는 환경에서 혼자의 힘으로 우뚝 섰으니 대견하고 기특하다'라는 정서와 더불어 우리가 인정하건 인정하지 않건 '그 용이 우리 개천을 구해주리라'는 희망이 짙게 배어 있다. 살고 있는 모두가 차마 나눠 먹을 것도 없는 개천에서 타고난 천재성에 의해서인지

불굴의 의지에 의한 후천적 노력에 의해서인지는 모르지만, 어찌 되었든 돈과 권력을 거머쥔 '용'이 났으니, 그가 이제 우리 개천을 먹고살 만하게 바꿔줄 것이라는 희망이 담겨 있는 속담 아닌 속담인 것이다.

그런데 이제는 더 이상 그 잘난 용에게 뭔가 뜯어먹을 궁리만 하는 개천, 별 볼일 없는 환경을 뜻하는 개천에서는 용이 나지 않는다. 양재천, 안양천, 탄천, 이렇게 세 개천에서만 용이 난다는 씁쓸한 이야기가 뜻하는 바도 동일하다. 더 이상 과거와 같은 개천에서는 용이 나지 않는다는 것이다. 대신 용을 포함하고 있는 개천 생태계가 어떻게 상호작용을 하고, 용의 성장을 위해 서로 어떤 기여를 하느냐에 따라 그 용이 진정한 용이 되어 승천할지, 이무기가 되어 개천 근처를 헤맬지가 결정된다. 즉 작게는 부모의 적극적인 개입을 말하는 것으로부터 시작해서, 크게는 전체 가족 구성원이 서로 어떠한 관계를 맺고 어떤 긍정적인 영향력들을 서로에게 제공하느냐에 따라 한 개인의 성장과 성공, 더 나아가 그 가족과 집안의 성장과 성공의 결과에 확연히 차이가 나는 것이다.

과거 용 한 마리가 각고의 노력을 통해 혼자만의 힘으로 멋지게 승천하며 속해 있던 개천(가족, 집안, 지역사회 등)을 환하게 빛

내던 시절은 갔다. 대신 새로운 시대의 가족에서는 개천이라는
생태계에 사는 모든 구성원들이 함께 힘을 모을 때 용이 만들
어진다. 그러한 사례를 살펴보자.

자폐아에서 6개 국어에 능숙한 천재로

독일(과거 역사상 오스트리아까지 포함)은 뛰어난 천재가 많이 태
어나기로 유명한 국가이다. 특히 전자, 기계, 소재 공업의 최강
국이라는 현재의 위상답지 않게 손에 잡히지도 않고 눈으로
잘 보이지도 않는 가상의 세계 어딘가를 탐구하는 학문, 인간
의 정신세계와 그 근원에 대한 학문, 인간이 인지할 수 있는 혹
은 인지할 수 없는 아름다움의 세계에 대한 천착과 관련한 학
문 등에서 최고 수준의 천재들을 배출했다. 《공산당 선언》, 《자
본론》의 저자이자 마르크스주의를 주창한 유명한 경제학자이
자 사회학자 카를 마르크스(Karl Marx), 《꿈의 해석》이라는 책
으로 인간의 정신영역에 대한 연구범위를 한 단계 더 넓힌 지
그문트 프로이트(Sigismund Schlomo Freud), 세계적으로 인정받
는 독일 철학을 지금의 모습으로 완성한 위대한 철학자 이마
누엘 칸트(Immanuel Kant) 등이다.

그런데 이들에 못지않게 유명한 독일 출신의 천재가 있다. 심지어 독일 국민들 사이에서는 다른 위대한 천재들을 제치고 독일이 낳은 가장 위대한 천재라는 명성을 얻고 있는 카를 비테 주니어(Johann Heinrich Friedrich Karl Witte)가 바로 그 주인공이다.

그는 9살에 이미 당대 명문인 라이프치히대학교(Universität Leipzig)에 입학을 허가받았고, 10살에는 독일어를 제외한 5개 국어를 능숙히게 구사하고 있었으며, 12살 때에는 독일의 기센대학교(Justus Liebig-Universität Gießen)에서 철학 박사학위를 받았다. 이 기록은 아직까지도 깨어지지 않은 '최연소 박사학위 취득' 기록으로 기네스북에 올라 있다. 이후 16살에는 하이델베르크대학교(Universität Heidelberg)에서 법학으로 박사학위를 취득했으며, 채 스무 살이 되기 전에 베를린대학교(Universität Berlin) 법학과 교수로 임용되었다.

하지만 이 세기의 천재의 시작은 그다지 천재답지 못했다.

그의 아버지 이름 역시 카를 비테였다. 아버지 비테는 독일 로하우(Lochau)라는 작은 마을의 교회에서 목회활동을 하던 목사였다. 비록 이름 없는 시골 교회 목사였지만, 비테는 학식이 무척 높은 사람이었다. 플라톤이나 소크라테스 같은 그리스 시대의 고전부터 시작해서 에라스무스나 존 로크 같은 이들의 책을 꼼꼼히 읽은 그는 그 안에서 자녀교육을 위한 최고의 비책들을 발견해내고는 장차 태어날 자신의 아이들에게 그를 바탕으로 교육시켜 최고의 인재로 키워내고 말겠다고 다짐했다.

얼마 뒤 그의 아내는 첫째 아이를 출산했다. 하지만 비테의 기대에도 불구하고, 아이는 며칠 지나지 않아 당시 유행하던 장티푸스로 숨을 거두고 말았다. 낙심한 비테는 아내가 다시 둘째 아이를 갖기를 기다렸다. 얼마 지나지 않아 아내가 둘째 아이를 낳았지만 둘째 아이마저 비테의 기대에 어긋났다. 어렵게 얻은 둘째 아이는 태어날 때부터 지능이 낮아 보였기 때문이었다.[*] 잠시 상심에 빠졌던 비테는 이내 마음을 고쳐먹었다.

비테는 아이에게 자신과 같은 이름을 지어준 뒤, 어느 정도 몸을 가누고 말을 배우기 시작할 무렵인 2살 때부터 자신이 생각해오던 교육 방식으로 가르치기 시작했다. 비테가 자신의 아들 카를 비테 주니어를 위해 실시한 첫 번째 교육 방식은 아이가 갓 잠에서 깨어나 눈을 떴을 때 가능한 말을 많이 걸어주는 것이었다. 이야기의 주제는 아이가 가장 친근해하는 아이 자신의 신체부위로부터 시작해서 방 안에 있는 물건들, 창밖 정원

....
[*] 현대 기준으로 보면 저능아가 아니라 자폐아에 가깝다는 설도 있다.

에 보이는 동식물들로 차차 넓혀나갔다. 다음으로는 다양한 사물과 동식물들을 주제로 한 이야기를 만들어서 들려주었다. 그렇게 아이가 말귀를 익히기 시작하자 이후로는 다양한 동화를 들려주기 시작했다. 거기에 비테는 아들 비테 주니어를 틈만 나면 밖으로 데리고 나가서 새로운 풍경들을 접하게 했고, 그를 통해 끊임없이 호기심을 자극하여 뇌가 활발하게 움직일 수 있도록 했다.

이후 아이가 어느 정도 새로운 문물을 받아들이는 것에 익숙해지자 독일어와 라틴어 단어카드를 만들어서 그간 눈과 머리로 익힌 사물들과 문자로 이루어진 단어들이 머릿속에서 상호 연계가 되도록 했다.

이 정도는 그 시대에는 모르겠지만, 현대 한국의 웬만한 가정에서도 이루어지는 자녀교육의 모습일 것이다. 하지만 카를 비테가 달랐던 점은 교육을 할 때 문법이나 규칙을 먼저 알려주고 그를 암기하도록 한 것이 아니라, 아들이 다양한 경험을 할 수 있도록 한 뒤 그 안에서 스스로 법칙을 발견하고 다양한 분야에 접목시켜 활용할 수 있도록 기다려주었다는 것이다. 대신 카를 비테 부부는 아들이 그러한 활동을 하는 과정에 기꺼이 동참했다. 자녀교육을 주도한 카를 비테 목사는 말할 것도 없고, 무학(無學)의 시골 촌 아낙에 지나지 않았던 그의 아내조차도 아들 비테가 책에서 읽은 역사 이야기를 연극으로 만들어 함께 가족공연을 하며 아들이 그 역사적 내용을 실감 나는 경험으로 익히도록 도움을 주었다.

이후 아버지 비테 목사는 아들 비테의 학식이 어느 정도 쌓이게 되자 읽고, 보고, 듣고, 배운 사실을 자신을 포함한 다른 사람에게 일목요연하게 요약해서 잘 설명하는 방법을 가르치기 시작했다. 그러한 과정을 거친 결과 아들 카를 비테는 지능이 다소 낮다는 핸디캡을 극복하고 위대한 학자로 성장했음은 물론, 다른 학생들에게도 지식과 지혜를 전해주는 위대한 스승으로 거듭날 수 있었다.

이처럼 가족이 어떻게 함께하느냐에 따라 태어날 때부터 우둔하다고 낙인찍혔던 둔재도 시대에 길이 남는 천재가 될 수 있다.

그렇다면 가족과 함께 멋진 성공을 일군 사례를 이렇게 꼭 서양, 그것도 역사상 위대한 업적을 남긴 위인들에게서만 찾을 수 있을까? 가족의 도움으로 성공한 사례에서 도움을 주는 대상은 부모나 손위 형제자매이고 도움을 받는 대상은 자녀이거나 어린 동생들로만 한정될까?

다음 사례를 보면 꼭 그런 것만은 아닌 것 같다.

아들의 대출로 재기에 성공한 사장님

지금은 서울 남부 지역과 경기도 등지에 세 군데의 분점을 운영하는 제법 잘나가는 음식점 사장인 김태철(58세, 가명) 씨의 전직은 식당에 식자재와 주방기기 등을 납품하는 업체의 영업부장이었다.

그러던 어느 날 자신이 담당하던 지역에서 부부가 건실하게 운영하던 업소 중 한 곳이 주방을 맡아보던 남편의 사망으로 폐업을 하게 되었다. 김 사장은 그 업소가 시세보다 훨씬 싸게 급매물로 나왔다는 소식을 듣고 몇 날 며칠을 고민한 끝에 인수해서 직접 운영해보기로 했다. 이미 15년 이상 식자재와 주방기기를 납품하고 사후관리를 하는 일 등을 해왔기에 반쯤은 식당 운영의 전문가라고 생각했다. 게다가 까다로운 입맛의 아버지를 둔 덕에 자신의 입맛도 전문가 못지않게 민감했고, 일을 하며 안면을 익힌 업소 사장들의 도움을 받으면 썩 괜찮은 주방장과 홀 서빙 직원들도 어렵지 않게 구할 수 있을 것이라고 생각했다.

두 달 정도의 모든 준비를 마치고 인근에서는 제법 큰 규모로 샤브샤브 전문점을 오픈했을 때, 그는 금세 주변 상권을 석권하고 프랜차이즈화 하여 거창한 업체로 키워나갈 것이라는 목표를 세웠다.

오픈 후 정확히 3주 동안은, 조금은 성급하기는 했지만 그런 목표가 그다지 멀지 않았다는 생각이 들 정도로 장사가 잘되었다. 고향과 학교 선후배들이 개업 소식을 듣고 평일에도 가게가 미어터지도록 몰려와 주었고, 직장생활을 해오며 사귀었던 업체 사장들과 거래업소 주인들이 보내준 화환과 화분으로 가게 앞은 식당인지 화원인지 분간이 안 될 정도였다.

하지만 그런 호황은 정확히 3주 만에 끝이 났다. 개업 축하 손님이 점차 줄어들어 그 빈자리를 이제 인근에 사는 주변 손님들이 채워줘야 하는데, 좀처럼 일반 손님들이 늘어나지 않았다. 게다가 일이 잘못되려고 그랬던지, 인테리어 공사를 하며 조금 욕심을 부려 확장한 홀이 소방법을 위반한 것이 적발되어 식당 문을 닫고 3일간 재공사를 한 뒤 일주일간 영업을 하지 못하고 허가가 나기만을 기다려야 했다. 또, 메인 요리를 맡은 주방장과 장사를 도와주기 위해 지방에서 올라와 계시던 처이모가 사사건건 부딪치다가, 어느 날인가 주방장이 아무런 말도 없이 출근을 안 하더니 덜컥 그날로 그만둬 버렸다.

급한 마음에 평상시 음식 솜씨가 좋다는 소리를 듣던 처이모와 아내에게 주방을 맡겼지만, 그나마 있던 손님마저 '음식 맛이 변했다'며 발길을 끊어버리고 말았다. 게다가 평상시 점심 손님의 대부분이 맞은편에 있던 한 저축은행 본점의 직원들이어서 고객유치 차원에서 가게 운영비용 일부를 그 저축은행으로부터 대출받았고, 평소 벌어들인 수입도 그 저축은행에 예금해 두었는데 일이 터졌다. 어느 날인가 "더 이상 대출 연장이 힘드니 대출금을 상환하라"는 통보가 왔고, 직원으로부터 연락을 받은 지 2주가 채 지나기도 전에 뉴스를 통해 그 저축은행이 부실경영으로 부산의 한 대형 저축은행과 함께 폐업을 하게 되었다는 청천벽력과 같은 소식을 듣게 된 것이다.

우선 점심 손님이 반에 반으로 줄었고, 저녁 손님 역시 마찬가지였다. 게다가 대출금 상환 압박과 함께 김 사장 자신의 예금 또한 은행에 발이 묶여버렸다. 은행이 정상적으로 운영될 때는 은행에 볼일을 보러 온 고객들도 심심치 않게 김 사장의 식당에 들러 식사를 하고 갔지만, 이제 그런 손님도 싹 사라져버렸다. 물론 은행이 폐업한 후 며칠 동안은 항의를 하러 온 은행 고객들과 그런 모습을 취재하러 온 기자들이 은행과 가장 가까운 김 사장의 식당을 찾아 며칠간은 '불편한' 호황을 누리기도 했지만, 그것도 잠시뿐이었다.

김 사장은 불 꺼진 식당에 홀로 앉아 손님들이 남기고 간 소주를 한데 모아 마시며 한숨과 걱정으로 시간을 보내다가 늦은 시간에야 집으로 들어가서 한숨 붙이는 것이 습관이 되어 갔다. 가끔 형편없는 매상으로 마무리를 한 날 저녁이면 '에잇, 식당이고 뭐고 다 집어치워 버리고 그냥 확!' 하는 불길한 생각을 할 때도 있었다. 그러다 보니 힘도 안 나고 흥도 안 나서 어쩌다 손님이 들어도 뚱한 표정으로 인사도 하는 둥 마는 둥 불친절하게 맞게 되었다. 예전 같으면 5명이 와서 3인분만 시켜도 기분 좋게 주문을 받고 마치 5인분 같은 3인분을 제공해서 그들로부터 "앞으로 이 집 단골 해야겠다"는 식당 주인으로서 들을 수 있는 최고의 칭찬을 듣기 일쑤였는데, 장사가 잘 안되다 보니 3명이 와서 3인분보다 적게 시키면 말부터 곱게 나가지가 않았다. 그러다 보니 불편한 감정을 갖게 된 손님들이 더더욱 발길을 끊게 되는 악순환이 계속 발생했다.

그러던 어느 날이었다.

그날 역시 하루 종일 몇 테이블 받지 못해 쓰린 마음에 안주도 없이 마지막 손님들이 남긴 소주 반병을 혼자 비우고 집으로 돌아갈 무렵이었다. 평상시 같으면 독서실에 있어야 할 고2 막내아들이 아파트 입구에서 서성이고 있었다. "독서실 안 가고 웬 일이냐?"는 김 사장의 물음에 아들이 아무 말 없이 내민 것은 저금통장이었다. 영문을 몰라 멀뚱멀뚱 얼굴만 쳐다보고 있던 김 사장의 손에 저금통장을 쥐어준 아들은 "이제 독서실 가야겠다"며 서둘러 자리를 떴다.

통장 안에는 180만 원이 들어 있었다. 김 사장에게야 많은 돈이 아니었지만, 고등학생인 막내아들에게는 어마어마하게 큰돈이었다. 안쪽에는 포스트잇(Post-it)도 한 장 붙어 있었다. 아들의 글씨였다.

제 전 재산입니다. 드리는 것이 아니고 '빌려'드리는 거시니
가게 대박 치시면 갚으시기 바랍니다.
아빠, 이 돈으로 찌라시*도 돌리고 메뉴도 좀 개발하삼.

맞춤법도 군데군데 틀리고, 어투도 투박한 것이 철없는 막내아들 녀석의 글다웠지만 아들의 진심이 담긴 통장을 받아 든

---

* '흩어 뿌림'이라는 뜻의 일본어 치라시(ちらし, 散らし)에서 유래한 단어로 전단지, 광고지 등을 말한다.

김 사장의 가슴에서는 뭔가 울컥하고 뜨거운 것이 샘솟았다. 평생 자신이 도움을 주고 베풀어야만 할 것 같았던 아들이 어느덧 이렇게 커서 제 아비에게 도움이 될 방법을 찾고, 조언을 하고 있다는 사실 하나만으로도 '세상에 되는 일 하나 없고, 도움 되는 놈 하나 없다'는 생각만 가득했던 김 사장의 생각이 바뀌었다.

그 길로 김 사장은 그간 가졌던 부정적인 마음을 고쳐먹고 긍정적인 마인드로 자신의 식당이 처한 문제점과 그를 해결하기 위해 필요한 방안이 무엇인지에 대해 고민하기 시작했다. 아들이 보태준 180만 원의 통장은 단순히 '180만 원'이라는 돈이 문제가 아니라, 김 사장에게 가족이라는 존재를 '내가 만일 잘못되기라도 한다면 가족들은 다 어떻게 될까?'라는 부담감을 심어주는 존재에서 '내게는 가족이라는 든든한 백그라운드가 있어. 뭐가 걱정이야?'라고 생각을 바꿔먹게 하는 촉매가 되었다. 그 촉매를 통해 생성된 자신감과 긍정적인 생각은 전혀 변함이 없는 환경이지만 그가 식당을 운영하는 마인드와 태도를 획기적으로 변화시키는 계기가 되었다.

그러한 자신감을 바탕으로 김 사장은 메뉴를 단순화시키고 단골고객에 대한 마일리지 제도를 도입하여 경기에 상관없이 고정적인 수입을 가져다줄 수 있는 단골들을 확보해갔고, 주요 인기메뉴에 대한 택배서비스 도입 등을 통해 고객을 확대해나갔다. 그리하여 불과 1년 만에 예전의 부진을 말끔히 씻어내고 성공적인 식당 경영자로 거듭날 수 있었다.

이처럼 예전에는 '내리사랑'이라고 하여 부모나 손위 형제는 무한정 베풀고 가르침을 주고 자녀나 손아래 형제는 무조건 그를 감사히 받고 배우고 따르는 관계였다면, 현재의 가족은 위아래 구분 없이 긍정적인 영향력 발휘와 관계 맺음을 통해 서로의 성공을 지원하는 관계라고 할 수 있겠다.

뿐만 아니라 단순히 고전적 개념의 내조(內助)가 아닌 적극적인 파트너십(partnership)을 통해 부인이 남편을 성공적인 모습으로 가꿔가는 현대판 〈평강공주와 온달〉의 신화를 우리 주변에서도 이제는 쉽게 찾아볼 수 있다.

아내, 마이 베스트 파트너

전직 교사 출신인 심지혜(46세, 가명) 씨는 큰아들이 고등학교에 들어갈 무렵, 아이들의 뒷바라지를 위해 학교를 그만두었다. 당시만 해도 우리나라에서 제일 잘나가는 전자회사에서 수석

연구원으로 근무하던 남편의 월급만으로도 가정을 꾸려나가기에 충분했으므로 심 씨가 사회생활을 포기하고 자녀들의 교육을 챙기기로 했다. 하지만 문제는 그때부터 시작되었다.

심 씨가 직장을 그만둔 비슷한 시기에 회사를 그만두고 중견기업 임원으로 자리를 옮긴 남편은 새로운 회사에 적응하지 못해 그 후 5년간 세 차례나 이직을 반복하고 있었다. 그러는 사이 남편의 연봉은 이전 직장에 근무할 때보다 30% 이상 줄었고, 회사 내에서의 평판과 입지 또한 말은 안 했지만 변변치 못한 것이 분명했다. 집에서 남편의 목소리를 듣기 힘들어진 것도 그 무렵부터였다.

평상시에도 말수가 많은 편은 아니었지만, 최근 들어 남편은 집에 오면 '회사에서 못한 일을 처리해야 한다'는 이유로 방에 틀어박혀 혼자 저녁시간을 보내는 일이 빈번해졌다. 무슨 일이 얼마나 바빠서 그러나 싶어 남편이 화장실에 간 틈을 타 방 안에 들어가 보면 책상 위에는 대부분 업무와 상관없는 책들이 아무렇게나 펼쳐져 있었고, 그마저도 유심히 살펴보면 그다지 별로 열심히 읽는 것 같지 않았다. 그저 아무런 의미 없이 시간을 보내기 위해 펼쳐놓은 책들임에 분명했다. 심 씨는 뭔가 조치가 필요하다고 생각했다.

그녀가 가족들과 하기로 한 것은 다름 아닌 '가족 기네스 (Family Guinness)'였다. 매달 초에 가족 모두가 하나씩 종목을 정한 뒤 도전을 해서 월말에 기록을 측정하는 것이었다. 예전 초등학교 담임을 할 무렵, 공부에는 별 취미가 없지만 다른 분야에서는 특출한 재능을 보이던 아이들의 기를 살려주기 위해 도입했던 것인데, 남편의 기를 살려주기 위해 가족끼리 한번 해보기로 했다. 역시나 예상했던 대로 남편의 반발이 가장 심했다.

"가뜩이나 정신 사나워 죽겠는데, 유치하게 무슨!"

두 자녀도 시큰둥하기는 마찬가지였다. 큰아들은 엄마의 의도를 이해하고 못 이기는 척 따라주었지만, 이제 갓 사춘기에 접어든 막내딸은 대놓고 하기 싫어 했다. 하지만 심 씨는 모처럼 교사였던 시절의 마음으로 돌아가 '나이 든 초등학생' 세 사람과 함께 가족 기네스 행사를 진행했다. 심 씨의 남편이 선택한 종목은 '책 여러 권 읽기', 아들이 선택한 종목은 '줄넘기 2단 뛰기', 딸은 '컴퓨터게임 몇 판까지 깨나', 그리고 심 씨의 선택 종목은 '노래방에서 높은 점수 받기'였다. 다들 엄마인 심 씨의 강한 채근에 마지못해 종목을 선택하기는 했지만, 별 관심이 없었다. 하지만 매주 두 번씩 중간 점검을 하기로 하고, 그날이 되면 모두 모여 아파트 앞 주차장에서 4명이 줄넘기 2단 뛰기를 하여 숫자를 기록하고, 집으로 들어와서 그동안 읽은 책을 서로 이야기하고, 컴퓨터를 켠 뒤 게임을 했다. 그리고 마지막으로 컴퓨터에 어학용 헤드셋(headset) 마이크를 연결해서 노래를 부른 뒤 나온 점수를 기록했다. 그렇게 두 주가 흘러 최종 기록을 측정하기로 한 하루 전날, 놀라운 일이 일어났다.

남편과 아들은 그때까지 2단 뛰기 개수가 비슷했는데, 막바지 연습을 한다며 둘이서 집 앞 근린공원에 다녀오겠다는 것이었다. 막내딸도 마찬가지였다. 주 종목인 컴퓨터게임에서는 독보적인 점수를 기록하고 있었지만, 책 많이 읽기에서는 평상시 독서가 취미이다시피 한 아빠에 밀려 두세 권 차이로 근소하게 밀리고 있었다. 딸은 그 차이를 좁히기 위해 막바지 독서를 하겠다며 방문을 닫은 채 책을 읽기 시작했다.

드디어 가족 기네스 심사가 열리는 날.

공정한 심판을 위해 시동생 가족들을 불렀다. 그 자리에서 책 많이 읽기 종목은 막바지에 《만화로 읽는 세계사》 전집을 읽어 아빠와의 차이를 10권 이상 벌려버린 막내딸에게, 줄넘기 2단 뛰기 종목은 아들의 운동화 끈이 풀려버려 어부지리로 얻은 1위이긴 했지만 어찌 되었든 37번이라는 본인 최고 기록을 거둔 남편에게, 컴퓨터게임 몇 판까지 깨나와 노래방 점수 많이 내기 종목은 의외의 다크호스였던 아들에게 '제1회 가족 기네스'의 영예가 돌아갔다.

모두 그저 "재미 삼아 시작해서 즐거운 경험을 했다"라며 만족하고 있을 무렵, 심 씨는 종이 가방에 숨겨두었던 무언가를 꺼냈다. 심 씨가 꺼낸 것은 어른 손 한 뼘 정도 크기의 조그마한 트로피였다. 크기는 작았지만, 두 날개를 펼친 천사와 하부 기단까지 완벽하게 갖춘 제법 그럴듯한 트로피였다. 트로피에는 이미 각 부문별 수상내용이 적혀 있었고, 수상자 이름을 적는 란만 비어 있었다. 심 씨는 그 자리에서 콘크리트 못으로 각 부문별 1위 수상자의 이름을 적어 넣었다. 막내딸과 아들의 이름을 새겨 넣은 뒤, 마지막으로 줄넘기 2단 뛰기의 수상자인 남편의 이름을 적어 넣고는 남편의 제수씨인 손아래 동서에게 시상을 부탁했다.

남편은 "쑥스럽게 뭐 하는 거냐?"라며 가볍게 심 씨를 타박했지만, 그래도 상은 상인지라 싫지는 않은 표정이었다. 이후로도 이들 가족의 '가족 기네스 대회'는 그 주제를 달리하며 계속 진행되었다. 그리고 그에 따라 가족들도 조금씩 변하기 시작했다. 가장 먼저 변화를 보인 것은 이런 것을 좋아할 만한 나이인 막내딸이었다. 막내는 처음에는 PC게임 오래하기, 아이스크림 빨리 먹기 등 장난처럼 주제를 선택하고 재미 삼아 참가하는 듯하더니, 어느새 역사퀴즈 많이 맞히기, 스도쿠(数独, Sudoku)* 빨리 풀기처럼 머리를 쓰거나 학업에 도움이 되는 주제들을 먼저 제안하고는 했다. 뿐만 아니라 대회를 하는 날에는 친구들을 데리고 와서 자랑을 하기까지 했다. 어려서부터 아빠를 닮아 무뚝뚝했던 아들은 별 말은 안 했지만, 투덜대지 않고 끝까지 열심히 참여해주었다.

하지만 가장 극적인 변화는 의도했던 대로 심 씨의 남편에게서 나타났다. 여전히 대회 주제를 발표하고 연습기간이 시작되면 툴툴대기는 했지만, 예전의 무기력한 모습에서 벗어나 나름대로 열심히 준비하고 참여하기 시작했다. 트로피를 받을 때 겸연쩍어 하는 것은 여전했지만 뭔가 만족스러워 하는 표정을 감추지 못했다.

그러던 어느 날 저녁, 남편이 보이지 않아 찾아보니 서재에서 혼자 조용히 무언가를 하고 있었다. 살짝 들여다보니 남편은 자신이 그동안 획득한 6개의 트로피를 들여다보고는 먼지를 닦아

....

* 가로세로로 9개 칸으로 나누어진 빈칸 안에 좌, 우, 대각선의 합이 같도록 숫자를 적어 넣는 퍼즐의 일종.

내며 흐뭇한 표정을 짓고 있었다.

이후 남편은 예전과 달라졌다. 몸담고 있는 직장도, 하고 있는 일도, 맡고 있는 직책도 똑같았지만, 그것을 대하는 태도가 달라졌다. 집에 오면 회사 이야기는 한마디도 안 하고 뭐라도 물으면 짜증부터 내던 남편이 스스럼없이 먼저 이야기를 꺼내고 가족과 함께하는 시간을 갖기 위해 나서는 것이었다. 남편은 대한민국에서 제일 잘나가고 제일 돈 잘 벌던 큰 회사를 박차고 나온 뒤로 단 한 번도 볼 수 없었던 자신감 넘치는 가장의 모습을 언제부터인가 보여주고 있었다.

그 뒤로도 이들 가족의 기네스 대회는 계속되고 있으며, 심 씨의 남편은 현재 자신의 지식과 경험을 살려 관련 분야에 컨설팅을 제공하는 자그마한 회사를 성공적으로 경영하고 있다고 한다.

좋은 가족에서 위대한 가족으로

이처럼 이제 가족은 단순히 정으로 뭉친 혈연관계가 아니라, 삶과 가치의 적극적인 공유와 활발한 상호작용, 그러면서도 각각의 특성과 처지를 배려한 개별성을 인정하면서 함께 성장하고 성공할 수 있도록 도와주는 관계가 되어야 한다고 인식되고 있다.

그럼에도 불구하고 세계적인 천재를 키워낸 독일의 카를 비테 가족이나 어려운 사업적 위기상황을 부자간의 상호작용으로 극복한 김태철 사장 가족, 그리고 자신감을 잃은 가장에게 다양한 공동작업을 통해 자신감과 에너지를 불어넣어 준 심지혜 씨 가족보다는 큰 문제는 없지만 뭔가 삐걱대는 이상국 부장 가족과 같은 경우가 많은 편이다.

왜 그럴까?

그 이유를 살펴보면 가장들이 바뀐 가족형태, 가족문화 안에서 가장의 위치와 역할 등에 적응을 하지 못하기 때문이다. 가정에서 가장의 자리는 대부분 아버지나 남편이 차지하게 된다. 한국 남성의 경우 아직까지도 가부장적인 문화에서 자라난 이들이 대부분이고, 학교교육과 대부분 겪게 되는 군대생활, 그리고 군대보다 더 엄격하면 엄격했지 덜하지 않은 직장생활이나 사회생활들을 경험하면서 어느새 자신도 모르게 위계를 만들고 일방향으로 지시하고, 대화를 통한 피드백보다는 서면·정식보고를 통한 답변을 듣는 것에 익숙해졌다. 그렇기에 지금도 끊임없이 바뀌어가고 있는 현대의 가족형태에 적응하지 못하고, 특히 자신이 그러한 가정 내에서 어떠한 역할을 해야 할지에 대해서도 제대로 갈피를 못 잡고 있는 경우가 많다.

자녀들의 경우는 어떨까?

이들 역시 가족이라는 집단 내에서 자신의 위치와 역할이 어떠해야 하는지에 대해 갈피를 못 잡기는 마찬가지다. 아이들은 가족 내에서 가장 어리고 사회조직으로 치면 말단 구성원이다. 그런데 실제 가족 내에서는 어린 시절부터 애지중지 돌봐지고 분에 넘치는 존중을 받아가며 성장해왔기에, 자신이 가족이라는 집단 내에서 어떠한 역할을 해야 하며 어떤 방식으로 기여를 해야 하는지 헷갈리고 있다. 나이가 들고서도 여전히 부모가 베풀어주던 무한한 배려와 애정을 만끽하고 누리는 '어린 자녀'의 역할로 그칠 것인지, 바뀐 가족 개념을 받아들여 적극적으로 참여하고 일정 부분 가장의 역할을 함께 수행하는 '완전한 구성원'의 역할까지 기꺼이 부담할 것인지. 그들 역시 혼란스럽기는 마찬가지인 것이다.

그러다 보니 이들을 연결시켜 하나의 온전한 가족으로 만들기 위해 엄마는 과부하가 걸리게 된다. 엄마는 (맞벌이로 생계의 한 축을 담당하고 있지 않다고 하더라도) 가장으로서의 역할도 해야 하고, 가장인 아빠와 자녀들 사이를 메워주는 중재자의 역할도 해야 한다. 그뿐인가? 때에 따라서는 그들 모두를 대신하여 일상적인 업무를 처리하고, 그러면서도 그들 모두의 기분이 상하거나 컨디션이 나빠져서 직장생활 또는 학업을 그르치지 않도록 하는 매니저와 트레이너의 역할을 해야 한다.

결국 모두 다 힘들다.

현대 가족으로서의 모습과 역할에 익숙하지 못한 가족 구성원, 성공적인 가족 또는 가족의 성공이라는 것에 대해 공감대를 이뤄내지 못한 가족, 개별적으로는 우수한데 그를 가족의 성공으로 어떻게 연계할지를 모르는 가족으로 살아가는 것은 모두를 힘들게 만드는 일이다.

그러다 보니 힘들게 '가족'이라는 이름으로 한데 뭉쳐 살아가기보다는 차라리 해체된 가족의 구성원으로 조금 외롭게 살아가는 편이 훨씬 더 편하다고 생각하는 사람들이 늘어나고 있다. 이러한 현상이 가족의 분열, 가정의 몰락, 가장과 자녀들의 방황, 엄마와 아내의 힘겨움 등으로 나타나는 것이다.

우리는 앞으로 어떤 가족상, 어떤 모습을 만들어가야 할까?

스탠퍼드대학교를 졸업하고 HP와 매킨지 등에서 근무하며 세계적인 경영컨설턴트로 이름을 떨친 짐 콜린스(James C.

Collins)는 그의 팀과 함께 수천 회의 인터뷰와 6000건 이상의 논문 검토 등을 통해 단순히 괜찮은 실적을 거두고 쓸 만한 제품을 만들어내던 기업이 고객과 시장에 불멸의 발자취를 남긴 위대한 기업으로 성장할 수 있었던 비결을 분석한 책을 냈다. 바로 《좋은 기업을 넘어 위대한 기업으로(Good to Great: Why some companies make the leap and others don't)》이다.

이 책은 전 세계적으로 수백만 부 이상 팔리며 'Good to Great 신드롬'을 불러일으켰고 책의 대대적인 인기에 힘입어 짐 콜린스는 한 번 강연할 때마다 강연료로 6만 5000달러(한화 약 7400만 원) 가까이를 받는 슈퍼스타 강연자의 반열에 올라서게 되었다.

그는 책에서 단순히 그저 그런 '좋은 기업'이 다른 경쟁자들이 따라올 수 없을 만큼 차별화된 경쟁력과 탁월한 조직 역량을 보유하고 시장을 선도하는 '위대한 기업'이 될 수 있었던 비결 중 하나로 '탁월한 팀플레이(Team Play)'를 들었다. 단순히 천재적인 재능이 있는 탁월한 경영자 한 명에 의해 주도되는 기업은 한때 좋은 성과를 낼 수 있을지는 모르지만 장기간 지속적인 성과를 내거나 영속적인 성장을 보여주지 못하는 것이 대부분인 데 반해 비전(vision)을 공유하고 각각의 자리에 적합한 최적의 플레이어들을 버스에 태우고* 달려 나가는 조직은 장기적이면서도 월등한 성과를 거두는 경우가 많음을 이야기한 것이다.

가족도 마찬가지다. 물론 가족은 기업의 경우와 달리 누구를 태우고(채용·발탁), 누구를 내리게 할지(해임·해고) 자의적으로 결정할 수 없는 조직이다. 대신 비전을 공유하고 마음을 한군데로 모으기에는 훨씬 더 유리한 조건들을 가지고 있다.

앞으로의 성공은 점점 더 가족의 합작품이 될 것이다. 사회가 날로 고도화되고 경쟁이 치열해짐에 따라 당대에서 자신만의 노력에 의해 성공한다는 것은 거의 불가능한 시대가 되었다. 부모나 자녀 누구랄 것 없이 가족의 전적인 지원과 동조가 성공을 위해 무엇보다 필요한 시대가 된 것이다. 기업뿐만 아니라 가족 역시 뚜렷한 목적을 가지고 팀플레이를 할 때 그들은 비로소 개천에서 난 용 덕분에 한때 성공한 가족이 아니라, 가족 모두의 힘으로 영속적인 성공을 일궈낸 위대한 가족의 반열에 오를 수 있을 것이다.

그렇다면 그런 위대한 가족은 어떻게 탄생했을까? 그들이 그렇게 될 수 있었던 팀플레이는 어떠한 방식으로 이루어졌을까?

....

* 짐 콜린스는 그의 책에서 경영자원의 많은 부분을 '올바른 사람을 버스(기업, 조직)에 태우는 일'에 할애해야 한다고 주장했다.

그들 위대한 가족에게는 성공으로 이끄는 불변의 함수 공식
이 있었다.

Part 3
위대한 가족:
그들의 비밀

가족의 성공을 위한
마법의 함수

성공한 가족의 공통된 비밀

그렇다면 한 개인이 아닌 모든 가족 구성원이 함께 성공을 일궈나가고 그 과정에서 성취감을 얻으려면 어떻게 해야 할까?

그 해답을 구하기 위해 동서고금을 통틀어 위대한 영웅을 배출했던 가문과 가족 혹은 구성원 모두가 각자의 분야에서 일가를 이룬 가문 혹은 가족, 아니면 평범하긴 하지만 화목한 분위기 속에서 하고자 하는 일들을 이뤄내며 살고 있는 조금은 소소하지만 충분히 훌륭한 가족들의 과거와 현재의 모습들을 꼼꼼히 살펴보았다. 그리고 그들 가족 간에는 놀라운 공통점이 있다는 사실을 알게 되었다.

먼저, 일단 성공한 가족들에게는 공통적으로 탁월한 개인적 역량이 도드라졌다.

형은 서울대를 졸업하고 해외로 국비유학을 가서 박사학위를 딴 뒤 귀국하여 국내 굴지의 대기업에서 임원으로 근무하고 있는데, 동생은 고등학교도 마치지 못하고 동네 뒷골목의 친구들과 어울려 어두운 생활을 전전하는 모습. 드라마에서 종종 그려지곤 하는 모습이지만, 이는 이야기를 만들어내고 흥미를 유발하기 위해 작위적으로 만들어낸 설정이지 실제 우리 주변에서는 쉽게 보기 힘들다. 오히려 반대로 형제가 모두 박사학위를 땄다거나 고시를 패스했다는 이야기를 더 듣기 쉬운 것이 현실이다.

실제로도 2006년 작성된 〈서울대 신입생 특성 조사 보고서〉에 따르면 서울대 신입생 어머니 중 대학원 졸업자 비율은 같은 연령대의 전체 여성 중 대학원 졸업자 비율보다 8배 가까이나 높았다. 즉 공부 잘한 혹은 많이 한 어머니의 자녀들이 더 높은 비율로 공부를 잘했다는 것이다. 아버지의 직업 또한 마찬가지였다. 서울대 의예과의 경우 신입생 학부모의 41.7%가 판검사 또는 의사 등의 전문직으로 조사되었다. 아버지의 뒤를 이어 의료인으로 종사한다거나 아버지가 법복을 입은 모습을 보고 법조인이 되었다는 이야기들이 심심치 않게 들려오는 이유가 여기에 있었던 것이다.

또한 우리 주변에서 보더라도 형제나 자매가 비슷한 수준의 학력을 보이는 것이 일반적이다. 비단 학력이나 개인의 사회적인 업적만이 아니더라도 개인의 인격이나 품성에서도 부모 자식이나 형제자매가 비슷한 유형을 보이고 있다.

왜 그럴까? 단순히 핏줄, 유전자, DNA, 물려받은 탁월함 등의 영향 때문일까?

하지만 앞서 이야기한 독일이 낳은 세계적인 천재 카를 비테 박사처럼 태어날 때는 전혀 아버지의 탁월한 지적 능력을 물려받지 못했음에도 불구하고 독일은 물론 세계를 통틀어 그 유래를 찾기 힘든 천재로 성장한 사례는 어떻게 설명할 수 있을까? 그것이 아니면, 흔히 언론 등에서 자조적으로 얘기하는 것처럼 '많이 배우고 성공한 부모들의 경제적 지원을 받은 자녀들이 좋은 대학을 더 많이 갈 것이다'라는 추정의 결과일까?

그렇다면 사교육의 천국이라고 불리는 우리나라뿐만 아니라 공립교육의 기반이 확고한 다른 유럽 국가에서도 성공한 가족 구성원들의 개인 역량이 탁월했던 것은 무엇으로 설명할 수 있을까?

그 해답을 찾기 위해 우리가 알고 있는 유명한 가족들 혹은 우리 주변에서 쉽게 볼 수 있는 부모, 자식이 모두 한자리씩 차지하고 있는 가족 또는 형제가 모두 일류대에 들어간 가족, 그리고 사회적인 지위나 학벌에서는 뭔가 이뤄내지 못했다 하더라도 남들로부터 칭송을 받는 인품을 가지고 부러울 정도로 화목한 가정을 꾸려가는 가족 등의 사례를 꼼꼼하게 살펴보았다.

그들 가족 구성원 한 명 한 명의 특성과 성취한 것들, 갖고 있는 품성과 인격, 그리고 수치화할 수 있는 능력들을 살펴보았다. 아울러 그들 가족이 서로에게 어떠한 영향력을 미쳤으며 그런 영향력들이 다시 개별 가족 구성원의 역량 발전과 성취도 증가에 어떠한 영향을 미쳤는지에 대해 여러 가지 방법으로 살펴보았다.

성공하는 가족들의 공식: $F_{(s)}=\Sigma pA \times fH$

동양과 서양, 과거와 현재를 통틀어 개천에서 어쩌다가 용 한 마리 난 케이스가 아닌, 가족 구성원 대부분이 자신이 몸담고 있는 분야에서 일가를 이룬 가족 또는 역사적이고 거창한 그 무언가는 남기지 못했더라도 가족 구성원 모두가 자신의 분야에서 열심히 일해 좋은 평판을 얻으면서 가정적으로도 눈에 띄는 화목함을 유지하고 있는 훌륭한 가족들을 찾아냈다. 그리고 가까이에 있는 가족들은 직접 찾아가서 인터뷰를 하거나 가족이 함께하는 활동에 동참함으로써 직접 눈으로 확인하고, 해외 등 멀리 있는 가족이거나 오래전 역사 속에 등장했던 유명한 가족들은 남아 있는 다양한 자료와 기록물 등을 통해 그들의 생활 모습과 그 안에 담긴 그들만의 성공 공식을 찾아내기 위해 노력했다.

그를 통해 위대한 가족을 만들어낸 공통적인 '가족의 성공함수'를 찾아냈다. 그 함수식은 다음과 같았다.

$$F(s) = \Sigma pA \times fH$$

여기서 F(s)는 함수의 결과를 나타낸다. 그 결과값은 가족 모두의 성공, 즉 'Family's Success'이다. 그 성공은 단순히 사회적 지위, 보유한 자산, 학벌이나 학력 등만을 이야기하는 것이 아니라, 가족 전체가 보유한 지성과 교양, 화목함과 서로에 대한 애정 등 무형의 혹은 타인으로부터 인정받기는 어렵지만 가족 구성원들에게는 분명히 의미 있는 것들을 말하기도 한다.

그렇다면 가족의 성공지수인 F(s)를 좌우하는 우측의 값들에는 어떤 것들이 있을까?

중·고등학교 시절에 배웠던 시그마 기호 'Σ'가 생각날 것이다. 일단 가족의 성공을 이뤄내는 기본적인 바탕은 가족을 구성하는 개개인의 역량이다. 각 가족 구성원의 역량 'pA(Personal Ability)'의 합이 클수록 그 가족이 성공할 가능성은 높아진다.

지극히 당연한 이야기다. 굳이 이렇게 글로 설명하지 않아도 누구나 경험적으로 알고 있는 사실이다. 그러나 우리는 경험으로 또 한 가지 사실들을 알게 되었다. 100% 완벽하게 맞아떨어지는 것은 아니지만, 가족 개개인의 역량의 합만이 가족의 성공을 보장하는 필요충분조건이 아님을 말이다. 여러 가지 실제 사례를 통해 가족 구성원들의 개인 역량이 탁월함에도 불구하고 '성공한 가족'이라고 부르기에는 다소 어려운 모습을 보이는 가족들을 우리는 많이 보아왔다.

가족 구성원 대부분이 국내 최고의 명문대 혹은 외국 유명 대학에서 학위를 받았고, 부친이 일군 국내 굴지의 제약기업을 경영하며 충분히 명문가의 반열에 올랐지만, 가족 간의 법적 다툼과 창업주 부부의 황혼이혼, 그리고 형제간의 경영권 분쟁이라는 최악의 과정을 겪으며 콩가루 집안의 대명사가 되어버린 어느 유명 기업가 가문. 존경받는 성직자 부친과 저명한 교육사업가 모친을 두고 자녀들 역시 유명한 종교가·언론사업가였지만, 그들이 모인 전체 가족의 모습은 절대 존경받지 못할 탐욕과 다툼 덩어리가 되어버린 어느 유명 종교인 집안. 또 이 두 집안처럼 아주 대단하지는 않지만, 동네에서는 꽤 유명한 수재 아들과 예능에 탁월한 딸을 두고 부모 또한 맞벌이를 하며 각자가 속한 회사에서 임원의 자리에 올랐으나, 집에 오면 모두가 자기 방에 들어가 단 30분도 얼굴을 마주하는 시간이 없어 가족의 소속감과 존재감을 전혀 느끼지 못하는 어느 지인 가족.

이들은 가족 구성원의 개별 역량은 다른 여느 사람들보다 탁월하고 당연히 이런 이들의 역량의 합 또한 일반적인 다른 가족보다 클 것임이 분명하다. 하지만 그럼에도 불구하고 이들의 가족함수의 결과, F(s)에 대해 우리는 결코 높은 점수를 줄 수가 없다.

그렇다면 그토록 탁월한 pA들의 합에 어떠한 요인이 더해졌을 때 비로소 F(s)가 높은 성공적인 가족이 완성되는 것일까?

그 답은 의외로 엉뚱한 곳에서 찾을 수 있었다.

몇몇 가족은 가족들의 역량과 더불어 가장의 리더십이 성공의 요인으로 작용했다. 가장이 뚜렷한 목표를 가지고 가족들의 역량이 서로 긍정적인 영향력을 발휘할 수 있도록 환경을 조성하고 한 방향으로 이끌어나간 결과 가족 모두가 자신이 맡은 분야에서 눈에 띄는 성과를 거둔 성공적인 가족이 될 수 있었다.

또 다른 몇몇 가족에게는 안주인이 되는 어머니, 아내의 현명한 지원활동이 성공의 요인으로 작용했다. 남편에게는 따스한 응원과 안정적인 지원을 제공하고 자녀들에게는 엄격한 관리 감독과 함께 자기발전을 할 수 있도록 긍정적인 응원의 메시지를 포함한 피드백을 제공한 덕분에 가족들은 자신의 능력을 120% 발휘할 수 있었다.

어떤 가족은 자녀들끼리 발휘한 상호작용이 성공의 가장 큰 요인이 되기도 했다. 부모 모두 맞벌이를 하느라 집을 자주 비우고, 심지어 엄마가 해외출장이 잦은 직업을 가졌었음에도 불구하고 큰딸이 밑의 두 동생을 가르치고, 두 동생은 부모만큼이나 큰언니·누나를 따르며, 동생들이 신경 쓰지 않고 공부할 수 있도록 배려해준 덕분에 세 남매 모두 훌륭하게 성장할 수 있었던 가족도 있다.

도대체 이들 사이에 어떠한 공통점이 있을까? 이들에게는 탁월한 개인의 역량(pA)의 합에 어떠한 요인이 더해졌기에 다른 가족에 비해 탁월한 성공을 거둘 수 있었을까?

공통점이 없어 보이는 이들 가족을, 구성원 개개인이 보유한 역량을 십분 발휘하여 성공적인 가족이 될 수 있도록 한 또 하나의 요인은 바로 시간(Hour)이었다. 그것도 단순히 그냥 시간이 아니라 가족과 함께한 시간, 즉 fH(Family Hour)였다.

성공한(다시 한 번 말하지만, 단순히 좋은 대학을 나와서 높은 연봉을 받는 가족들을 말하는 것이 아닌, 유·무형적으로 높은 가치를 이루고 가족 서로 간에 깊은 애정을 갖고 사는 경우까지 아울러 말하는) 가족들은 구성원 한 명 한 명의 역량이 탁월하다. 당연히 그 역량들의 합도 다른 보통의 가족들에 비해 탁월할 수밖에 없다. 그런데 성공한 가족들은 단순히 그 역량들의 합만 있는 것이 아니라 '가족이 함께하는 시간'이라는 변수가 그에 곱해진다.

가장이 나머지 가족 구성원들과, 큰아들·큰딸이 동생들과, 동생들이 형·언니들과 함께 시간을 보내며 긍정적인 영향력을 발휘하고 그러한 영향력은 다른 가족 구성원이 보유한 역량을 더욱더 증대시키고 활성화시켜 주는 역할을 하게 된다.

그렇다 보니 다른 일반적인 가족에 비해 각 역량들의 합부터 높은 편인데 거기에 가족과 보내는 시간(fH)이라는 변수까지 곱해지니 그 결과는 몇 배에서 몇십 배나 더 높을 수밖에 없다.

여기서 시간이라는 변수의 크기는 단순히 시간의 많고 적음을 의미하는 것이 아니다. 오히려 개인의 역량(pA)이라는 변수에 비해 훨씬 더 정성적인 판단기준에 의해 좌우되는 변수로서, 단 10분이 되더라도 진실되고 보람된 시간을 가졌으면 그 가족의 시간변수 'fH'의 크기는 십수 시간을 같은 공간 안에서 생활했음에도 불구하고 각자 뿔뿔이 저마다의 시간을 가졌던 가족의 그것보다 훨씬 더 크고 긍정적으로 작용하게 된다.

자, 그렇다면 이러한 '성공하는 가족의 함수' 공식의 실제 사례가 된 위대한 가족들을 만나보자.

박사님의
위대한 밥상

미국 최고의 가족

세계의 정부, 세계의 경찰 등으로 불리는 미국 정부의 차관보 (Assistant Secretary)라는 자리는 우리가 알고 있는 것보다 훨씬 더 대단한 자리다. 우리나라를 둘러싼 동북아 지역 평화의 열 쇠를 쥐고 있는 6자회담의 미국 측 수석대표도 차관보이고, 전 세계 미국과 연관된 각종 무역분쟁에서 미국의 입장을 대표하 는 역할도 대부분 차관보가 맡게 된다. 대통령 선거 캠프와의 연관성이나 정치적 고려 등에 따라 직책을 맡는 장관이나 차관 에 비해 서열은 아래이지만, 해당 직무에 대한 전문성과 경험, 그리고 실질적으로 부여된 막강한 권한 등을 바탕으로 때로는 미국의 입장을 대변하는 최고위급 대변인으로, 때로는 계약이나 협정의 미국 측 조인서 체결 당사자로 엄청난 활약을 하게 된다. 그러다 보니 웬만한 학력이나 업무경험으로는 명함도 꺼내지 못하는 것이 바로 이 차관보 자리다.

그런데 동양인 이민자 가정에서 이 차관보를 배출한 집안이 있다. 그것도 두 명씩이나….

뿐만 아니라 이 집안의 다른 형제들도 학력이나 사회적 성공이 다른 두 형제에 전혀 뒤지지 않는다. 가족 구성원들이 따낸 박사학위 숫자를 합치면 자그마치 11개에 이른다고 하니, 가히 세계적인 수준의 대단한 가족이라고 할 만하다.

바로 한국이 나은 세계적인 사회학자 전혜성 박사 가족의 이야기다.

1948년 19살의 어린 나이에 미국으로 유학을 떠난 전 박사는 당시 한국인 최초 하버드대학교 법학 박사였던 고(故) 고광림 박사를 만나 결혼하게 된다. 고광림 박사는 제주 출신으로 경성제국대학교를 졸업하고 3개의 대학에서 정치학과 법학으로 박사학위를 받았던 수재였다. 학업을 마친 그는 1960년대 초대 주미 공사로 재직하던 중 5·16군사쿠데타가 발발하자 미국으로 망명하여 평생을 학업에만 파고들었던 대쪽 같은 지식인으로 우리나라는 물론 미국에서도 명성이 높았던 석학이었다.

전혜성 박사 또한 학문적인 명성은 남편 못지않아 디킨스대학교에서 경제학과 사회학을 전공했고, 보스턴대학교 대학원을 졸업한 뒤 예일대학교 비교문화연구소 연구부장을 역임하고 이후 예일대학교 뉴헤이븐(New Haven)에 자리 잡은 동암문화연구소(East Rock Institute)의 이사장을 역임했다.

두 사람은 4남 2녀, 모두 6명의 자녀를 두었는데, 큰아들인 경주 씨는 앞서 말한 대로 예일대학교를 졸업하고 하버드대학교 공공보건대 부학장을 역임한 뒤 버락 오바마 미국 행정부에서 보건부 보건담당 차관보에 지명되었다. 둘째 아들인 동주 씨는 이미 고등학교를 졸업할 때 미국 대통령상을 받아 두각을 나타내었고 이후 하버드대학교와 MIT에서 의학과 철학 박사학위를 받은 뒤 매사추세츠주립대학교 의과대학 교수로 임명되었다. 셋째 아들인 홍주 씨는 하버드대학교를 졸업하고 영국 옥스포드대학교로 유학을 갔다가 다시 하버드 로스쿨로 돌아와 법학 박사학위를 받았다. 이후 한국인 최초의 예일대학교 법대 석좌교수, 예일대학교 로스쿨 학장 등의 영예로운 타이틀을 달았으며, 클린턴 행정부에서는 인권 차관보에, 버락 오바마 행정부에서는 국무부 법률고문으로 지명되었다. 막내 정주 씨는 하버드대학교 사회학과를 우등으로 졸업하고 전공을 미술로 바꿔 유수의 명문 미대를 졸업한 뒤 현재는 잘나가는 화가로 활동 중이다.

딸들 역시 아들들 못지않게 화려한 학력과 이력을 자랑하는데, 큰딸 경신 씨는 하버드대학교를 졸업하고 MIT에서 이학 박사학위를 받았다. 이후 귀국하여 중앙대학교 자연과학대학장을 역임했다. 둘째 딸 경은 씨는 하버드대학교에서 법학 박사학위를 받고 컬럼비아대학교 법대 교수를 거쳐 유색인종 여성으로는 최초로 예일대학교 법학대학원 석좌교수에 임명되었다.

실로 어마어마한 가족이라고 할 수 있다.

그렇다면 과연 이 가족들이 한 사람도 빠짐없이 우수한 성적으로 최고 수준의 학교에 진학하고, 사회적으로 큰 성공을 거둘 수 있었던 이유를 위대한 가족을 만들어내는 함수 공식에 대입하여 설명할 수 있을까?

역사는 밥상에서 이루어졌다

1970년대 어느 날.

"막내, 올라가서 형 깨워서 데리고 오렴."

엄마의 이야기에 아침 일찍 잠을 깨 놀 거리를 찾고 있던 막내는 형들이 자는 방으로 올라갔다. 형은 어제 저녁에 입고 있던 옷 그대로 침대에 쓰러져 있었다. 책상을 보니 책들이 방금 전까지 막 보던 것처럼 펼쳐져 있었다. 형은 어제 또 공부를 하느라 밤을 새운 것이 분명했다. 피곤한 얼굴로 기절하듯 쓰러져 자고 있는 모습을 보자니 어린 나이였지만 막내는 형들을 깨우기가 미안해졌다. 조용히 방문을 닫고 내려오려는데 계단 아래에서 엄마가 올라오는 것이 보였다.

"6시 반이 다 돼간다. 얘들아! 어서 일어나지 못하겠니?"

엄마의 이야기에 조금 전까지 세상모르고 잠을 자던 형들이 그 자리에서 벌떡 일어났다. 동시에 방문이 열리고 누나들도 눈을 비비며 걸어 나오는 것이 보였다.

그리고 6시 30분.

가족의 아침식사가 시작되었다.

전혜성 박사 가족에게는 원칙이 있었다. 그 원칙은 '어떠한 일이 있어도 아침식사는 온 가족이 함께한다'는 것이었다. 예외는 없었다. 이날처럼 공부하기 좋아하는 형제들이 밤을 새워 공부하고 새벽 동틀 무렵이 다 되어서야 쓰러지듯 잠자리에 들었어도, 일단 무조건 6시 30분에는 식탁에 나와 앉아 있어야 했다.

그리고 그 식탁에서부터 이 가족의 신화와도 같은 성공 스토리가 시작되었다.

그런데 이렇게 모든 가족이 참여하는 아침식사의 중요성에 대해 눈을 뜬 가족들의 스토리는 우리 주변에서도 많이 찾아볼 수 있다. 흔히 알려진 것처럼 현대의 창업주인 정주영 회장도 생전에는 새벽 5시가 되면 무슨 일이 있어도 자식들을 집합시켜 청운동 자택에서 아침식사를 함께했다고 한다. 심지어 손자들 중 아침잠이 많은 몇몇이 지각이라도 할라치면 어느새 불호령이 떨어졌다고…

재벌회장만 그랬던 것이 아니다. 전라남도 순천의 한 산골마을에서 8남매를 둔 부모는 평생토록 새벽 동이 트면 자녀들을 깨워 함께 가정예배를 드렸다. 단지 함께 기도를 드리는 것뿐만 아니라 가족들은 하루의 시작을 함께하며 이 얘기 저 얘기를 나누었다. 결국 이 가족에서는 장관과 정치인, 교육자와 기업인이 두루 배출되었다. 김홍규 순천매산고 교장, 김병규 ㈜명보 회장, 김성규 ㈜유성T&S 회장, 김명규 전 국회의원, 김승규 전 법무부장관 등이 바로 그들이다.

다시 전혜성 박사 집안의 가족 식탁으로 돌아가서, 매일 아침 6시 30분이면 어김없이 식탁에 앉아 아침식사를 시작한 이들 가족은 원하든 원하지 않든 식사시간 동안 가족의 얼굴을 마주 봐야 했고, 그들과 이야기를 나눠야 했다. 그런 대화 속에 부모는 백인 주류사회 속에서 치열한 경쟁을 치르고 있는 자녀들을 이해하게 되었고, 자녀들은 이미 그런 치열한 경쟁 과정을, 그것도 성공적으로 경험해온 부모들의 노하우 등을 자연스레 습득하게 되었다.

뿐만 아니라 이들은 그러한 시간, 그러한 과정을 통해 보다 더 중요한 것을 경험할 수 있었다. 그것은 가족 모두가 공감하는 '원칙'의 공유였다.

원칙을 공유한 가족의 힘

이들이 중요시한 것은 단순히 같은 공간에서 아침밥을 함께 먹는 것만이 아니었다. 그들은 그 자리에서 살아온 과정, 살아가는 현장에 대한 이야기와 특히 인생을 살면서 서로 간에 깨달은 그리고 잊지 말아야 할 중요한 원칙들을 공유했다. 어머니 전혜성 박사는 새벽 6시 30분에 졸린 눈을 비비며 함께 밥상에 앉은 자녀들에게 단순히 "미국 아이들보다 더 잘돼야 한다"라거나 "이번 시험에서 올A를 받도록 노력해라"는 이야기를 하지 않았다. 대신 그녀는 자신이 생각하는 원칙을 자녀들과 공유하려 노력했고, 자녀들은 그에 대한 자신의 의견을 내놓으며 자연스럽게 공감대를 형성하고 그 원칙들을 체득했다. 그녀가 전해주고자 한 가족의 원칙은 오센틱 리더십(Authentic Leadership)으로 정리되는 성공적인 사회인, 세계인이 되기 위한 공동의 가치 체계였다.

오센틱 리더십의 첫 번째 원칙은 '뚜렷한 목적과 열정을 지닐 것(Purpose & Passion)'이다. 삶에 대한 뚜렷한 목적과 확고한 실천의지, 그리고 열정을 갖고 있을 때 성공과 행복은 따라오기 마련이기 때문이다. 그를 위해 전혜성 박사는 자녀들이 목적과 열정을 가질 만한 일을 찾도록 도와줬고, 끊임없는 응원의 메시지를 전해주는 것을 게을리하지 않았다.

두 번째 원칙은 '맡은 바 임무를 다할 때 자기완성도 이루어진다(Role Fulfillment & Actualization)'이다. 그녀는 자녀들이 학생으로서, 자녀로서, 시민으로서 맡게 될 다양한 역할을 소홀히 하거나 등한시하지 않고, 균형감을 갖고 충실하게 잘 해낼 수 있는 사명감과 능력을 갖도록 적극 지원했다.

세 번째 원칙은 '일생에 걸쳐 정체성을 재정립시켜라(Know your diaspora self)'이다. 전혜성 박사는 한국계 미국인인 자녀들이 미국 사회에서 성장하며 맞이하게 될 여러 갈등상황을 현명하게 풀어나갈 수 있도록 그들 스스로 '나 자신이 누구이며, 무엇을 원하는지, 그리고 어떤 일을 할 때 가장 행복한지'를 끊임없이 묻고 답하게 했다. 그 과정을 통해 자기 자신을 명확하게 인식할 수 있도록 한 것이다.

네 번째는 '덕이 재주를 앞서야 한다(Virtues over skills)'이다. 덕(德)이 따르지 않는 재능은 오히려 없음만 못하다는 생각으로, '나만 잘되면 그만이 아니라, 그 재능을 남을 위해 쓰는 방법을 아는 것이 중요함'을 늘 강조했고, 실제로 재능을 주변과 나누는 것을 실천하도록 독려했다.

다섯 번째는 '창의적 통합력(Creative Synchronism)'이다. 고정관념에 휩싸여 하나의 전통만 고집하고 내 것에만 치중하다가는 급속히 변화하는 사회에서 성공하기 어렵다는 것이 전 박사의 생각이었다. 그녀는 자녀들에게 '유연한 사고로 다른 문화와 가치관을 흡수 통합하고 이를 자신에게 맞게 창조해내는 유연성과 창조성이 그 어느 것보다 중요함'을 강조했다. 그리고 주어진 상황에 맞춰 유연성 있게 대처하고 새로운 해답을 찾아낼 수 있도록 권장했다.

여섯 번째는 '폭넓은 안목과 시야의 중요성(Historical & Global

worldview)'이다. 다민족 다문화 사회인 미국 사회에서 다른 민족, 다른 문화의 다양성을 존중하는 세계적인 시각과 세대를 아울러 살펴볼 수 있는 역사적 안목은 매우 중요하다. 따라서 여러 문화를 접하고 실제 경험해보며 그들 간의 다름은 인정하되 차별하지 않고 대할 수 있도록 했다.

마지막 일곱 번째는 '진실한 마음을 얻는 대인관계의 힘을 경험하도록 할 것(Relationship)'이다. 앞선 6가지 덕목이 개인의 역량을 말하는 것이라면 마지막 일곱 번째 원칙은 타인과의 관계에 관한 것이었다. 가정에서부터의 신뢰를 바탕으로 남과 더불어 사는 법, 타인을 신뢰하고 존중하는 법을 깨우치도록 가르쳤다.

전 박사는 매일 아침 6시 30분에 시작된 가족모임에서는 물론 바쁜 연구생활 틈틈이 자녀들에게 시간을 내서 이러한 원칙을 공유하고 실천하며 자녀들이 성장할 수 있도록 도왔다. 자녀들은 이런 든든한 원칙을 바탕으로 미국 사회에서 우뚝 설 수 있었던 것이다. 전 박사의 자녀교육은 미국 사회에서도 많은 관심을 불러일으켜 미국 교육부에서는 전 박사의 가족을 '동양계 미국인 가정의 자녀교육법' 연구 대상으로 공식적으로 선정한 바 있다.

이들 가족의 성공 스토리에도 앞서 말한 가족의 성공함수 'F(s)=ΣpA×fH'가 엿보인다. 매일 같은 시간, 같은 장소에서 같은 메시지(원칙)를 반복적으로 공유하는 것, 그것이 그들을 미국 최고의 가족으로 만들어준 힘이었다. 물론 이들 가족은 구성원 한 명 한 명의 타고난 역량(pA)도 우수했음이 틀림없다. 하지만 하루 일과의 일정 시간을 할애한 그들의 fH변수가 개별적으로도 탁월했던 가족 구성원들의 역량값 pA를 획기적으로 높여준 것이다.

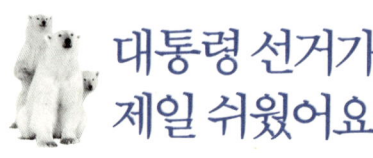

대통령 선거가
제일 쉬웠어요

운명의 TV토론

1960년 9월 26일, 제35대 미국 대통령을 선출하는 선거기간. 사람들은 이른 저녁식사를 마치고 거실의 TV 앞에 모여들었다. 이날은 미국 대통령 선거 역사상 최초로 실시되는 후보자 토론회 중 그 첫 회가 TV를 통해 미국 전역으로 방송되는 역사적인 날이었다.

토론회의 주인공은 공화당의 대통령 후보인 리처드 닉슨(Richard Milhous Nixon)과 민주당의 후보인 존 F. 케네디(John Fitzgerald 'Jack' Kennedy)였다. 토론회 직전까지만 해도 여론은 닉슨에 우호적이었다. 40대 후반에 접어들어 절정의 원숙미와 안정감까지 갖고 있는 닉슨에 비해 40대 초반의 케네디는 유복한 이민자 집안 출신의 운 좋은 '도련님'이라는 이미지가 너무 강했다. 게다가 영국계 청교도 혹은 대륙계 신교도가 주축이었던 당시 미국 사회에서 아일랜드계 구교도(로마 가톨릭) 신자라는 케네디의 배경 또한 그에게 불리하게 작용했다. 사람들은 토론회는 물론 대통령 선거에서도 닉슨이 어렵지 않게 '도련님' 케네디를 이기고 승리할 것이라고 생각했다.

그런 분위기 속에 미국 전역에서 7000만여 명의 시청자가 지켜보는 가운데 첫 TV토론회가 시작되었다.

시작은 예상대로 닉슨이 우세했다. 노련한 정객 닉슨은 안정감 있는 태도로 토론을 시작했다. 하지만 채 5분이 지나지 않아 분위기가 급변하기 시작했다. 닉슨의 안정감 있는 모습은 진부하고 피곤한 모습으로 비춰지고, 케네디의 어설프고 들뜬 모습은 젊고 역동적이며 힘 있어 보였다. 결국 이날 첫 TV토론은 케네디 후보가 미세한 차이의 판정승을 거둔 것으로 평가되었다.

하지만 그 차이는 크지 않았다. 더군다나 라디오 중계를 통해 이 방송을 들은 (케네디의 젊고 역동적인 외모를 볼 수 없었던) 유권자들은 오히려 닉슨의 우세에 손을 들어준 것으로 나타나 케네디가 토론에서 승리하기보다는 젊고 잘생긴 외모의 덕을 보았다는 평을 듣기도 했다.

하지만 남은 세 차례의 토론이 모두 끝났을 때, 사람들은 더이상 케네디가 "젊고 잘생긴 외모 덕을 보았다"는 이야기를 하지 않았다. 대신 그의 탁월한 토론 실력과 호소력 있는 웅변 능력에 대해 주목하기 시작했다. 그리고 그런 평가를 바탕으로 그는 신예 정치인에서 유력한 차기 대통령 당선 후보자의 반열에 올라서게 되었다.

그렇다면 언제부터 그는 이러한 토론을 준비했을까?

대선토론, 그보다 더 치열했던 밥상토론

1930년대 초반의 어느 날.

케네디 일가의 식구들이 식사를 하는 곳으로부터 아직 변성기가 지나지 않은 두 사내아이의 언성 높은 목소리가 들렸다.

"그래, 또 시작이다."

"와, 가보자!"

2층 자기 방에서 놀던 어린 형제들은 장남 조셉과 차남 존의 목소리가 들리는 곳으로 내려갔다. 목소리는 1층에 있던 식당에서 들려왔다.

조셉과 존은 식탁에 마주 앉아 열띤 토론을 벌이고 있었다. 그 옆에는 어머니와 아버지도 계셨지만, 두 아들들은 부모님이 계시건 말건 자신의 주장을 펼치는 데 거침이 없었다. 아니, 오히려 아버지는 그런 두 형제의 말다툼을 흐뭇한 얼굴로 바라다보고 있었다.

"라틴 민족이 많이 거주하기 때문에 '산타(Santa)'라는 단어가 지명에 많이 들어가 있다는 너의 주장은 정확한 수치에 근거하지 못한 그냥 추정일 뿐이잖아. 네가 캘리포니아에서 만난 친구들 중 라틴 계열이 많았다는 것은 빈약한 근거에 기댄 억측으로 보이는데?"

"하지만 단순히 종교적인 이유만으로 산타바바라, 산타모니카 같은 수많은 지명이 생겨났다는 형의 주장도 근거가 없기는 마찬가지야. 현재 그 지역에 거주하는 사람들이 믿는 종교의 비율이 얼마나 되는지나 알고 말하는 거야?"

"지금의 종교별 인구비율은 잘 모르겠지만, 하나 정확하게 아는 것은 있지. 그 지명이 붙여질 무렵에는 아무튼 지금보다는 훨씬 많은 사람들이 가톨릭을 믿었을 거라는 거야."

두 사람은 한 치의 물러섬이 없었다. 조끼 주머니에서 회중시계를 꺼내 본 아버지가 신문을 접으며 "자, 이제 그만하고 다들 씻고 잠자리에 들 준비를 해야지?"라는 말씀을 하시고 나서야 비로소 토론은 '잠시' 끝을 맺었다. 하지만 조셉과 존을 포함한 형제들은 모두 알고 있었다. 내일 저녁 이 시간 무렵이면 다시 이 자리에서 맹렬한 토론이 펼쳐지리라는 것을.

토론 참가자는 장남 조셉이나 차남 존이 될 수도 있고, 그 밑의 동생인 로버트가 될 수도 있었다. 주제 또한 "캘리포니아에 왜 '산타'라는 이름이 붙은 지명이 많은가?"와 같은 지명과 관련한 내용부터 시작해 "왜 소비에트 사람들은 스탈린 정부를 지지하는가?"와 같은 정치적인 주제나, "셰익스피어의 작품이 오랜 시간 광범위한 사람들로부터 사랑을 받아온 까닭은?" 등과 같은 문학적 주제를 다루기도 했다. 하지만 주제야 어찌 되었든 분명한 것은 내일 저녁 이 시간에도 토론이 이어질 것이라는 점이었다.

토론의 시작은 아버지 조지프 P. 케네디가 시작하거나 그가 약속이 있어 귀가가 늦는 날에는 어머니 로즈 케네디가 주도했다. 토론의 주제는 그날 아침에 배달된 〈뉴욕타임스(The New York Times)〉에서 시작된다. 어린 케네디들의 부모는 그날 발행된 〈뉴욕타임스〉의 기사 중에서 눈에 띄는 기사를 골라 그 내용을 바탕으로 자녀들에게 견해를 묻는 방식으로 토론의 분위기를 잡았다. 처음에는 각자 생각하는 바를 이야기하는 정도에서 부드럽게 시작되었지만, 아버지 조지프와 어머니 로즈의 노련한 유도로 토론 분위기는 이내 뜨겁게 달아오르기 시작했다. 특히나 어설프게 읽은 책의 내용을 인용하거나 불분명한 의사 표현, 자기 주관이 서지 않은 상태에서 다른 사람의 의견을 무조건 인용한 견해 등은 상대 입장에서 토론을 하는 형제들로부터는 물론, 토론 전체를 진행하는 아버지로부터도 혹독한 비판을 받아야 했다.

아버지 조지프는 하버드를 졸업한 촉망받는 기업가이자 정치가였지만, 아일랜드 이민 3세로서, 소수 종교인 로마 가톨릭 신자로서 자신이 겪어야만 했던 고충을 잊지 않았다. 그래서 아들들이 상대로부터 공격받기 쉬운 애매모호한 태도를 취하거나, 근거가 불확실한 자료를 바탕으로 공부를 덜 한 채 토론에 임하면 엄하게 꾸짖고 비판했다. 그러한 과정을 통해 케네디 가문의 형제들은 어른들의 세상에 대한 관심, 그러한 세상사를 논리적이고 객관적으로 분석해내는 힘, 그 내용을 바탕으로 자신만의 견해와 주장을 만들어 상대방을 공격하기도 하고 설득하기도 하면서 원하는 방향으로 이끌어나가는 방법들을 체득하게 되었다. 그리고 그 능력들은 험난한 미국 현대 정치사의 중심으로 뛰어든 형제들에게 큰 힘이 되었다.

결국 이러한 힘을 바탕으로 케네디가는 조지프 케네디의 아들 4명 가운데 제2차 세계대전에서 요절한 장남 조셉을 제외하고 대통령(존)과 법무부장관(로버트), 그리고 상원의원(에드워드)을 배출하는 미국 현대사 최고의 명문가로 성장하게 되었다.

아버지 케네디 vs 매니저 케네디

케네디 가문의 아들들은 어린 시절부터 뛰어난 면모를 보이던 인재들이었다. 큰아들 조셉은 제2차 세계대전 당시 미 공군 전투기 조종사로 참전해서 혁혁한 전과를 거두고 제대할 수도 있었지만, 보다 큰 공을 세우기 위해 다시 출격했던 전투에서 독일군으로부터 피격을 당해 베를린 상공에서 산화하고 말았다. 하지만 그는 전사하기 전까지만 하더라도 케네디 가문에서 나중에 대통령이 되는 동생 존보다 훨씬 더 장래가 촉망된다는 평가를 받던 인재 중의 인재였다. 40대의 젊은 나이에 미국의 대통령이 되면서 역사에 굵은 족적을 남긴 둘째 아들 존은 형 조셉에 비해 조금 가벼운 데가 있었지만, 쾌활하면서도 기발한 면모는 형제 중 단연 으뜸이었다. 특히 만나는 사람을 삽시간에 자신의 편으로 만들어버리는 호소력 짙은 언변과 호감 가는 태도는 이후에도 오랫동안 그의 큰 자산이 되었다.

35세의 젊은 나이에 법무부장관에 기용되는 기록을 남기기도 한 셋째 로버트는 형들과 같은 정치력은 부족했지만 냉철한 사고와 치밀한 일 처리를 통해 '미국 역사상 가장 많은 일을 한 법무부장관'이라는 칭송을 얻을 만큼 많은 업적을 쌓은 인물이었다. 형들과는 나이 차가 많아 동시대 인물로 비교되지는 못하지만, 막내 에드워드 또한 1960년대부터 2000년대 말까지 무려 40여 년이 넘게 상원의원으로 활동하며 수많은 진보적 정책들이 미국 정치에 반영되는 데 앞장섰다. 또한 그는 대중적 인기는 높았지만 주류 정치권으로부터 지지를 받지 못해 고전하던 버락 오바마 상원의원을 공개적으로 지지함으로써 그가 민주당의 대선 후보가 되고 결국 대통령에 당선되도록 도운 1등 공신이기도 하다.

하지만 단순히 뛰어난 역량만을 두고 본다면 이들 케네디가의 형제들보다 훨씬 더 뛰어난 인물들은 넓은 미국 안에 많고 많았다. 그럼에도 불구하고 이들 형제가 갖고 있는 장점을 찾아내어 그를 극대화시키고 서로 보완해야 할 점을 찾아 시너지 효과가 나게 하는 등의 역할을 했던 이가 있었기에 그들은 역사에 길이 남는 위대한 형제가 되고, 위대한 가문의 시발점이 될 수 있었다. 그 주인공은 바로 그들의 부모인 조지프 케네디와 로즈 케네디였다.

아버지 조지프 케네디는 대단히 수완이 좋은 인물이었다. 하버드대학교를 졸업한 뒤 남의 돈을 빌려 파산 직전인 지방 은행들을 사들이고 다시 그를 바탕으로 돈을 빌려 다른 은행을 헐값에 사들이는 방식으로 어린 나이에 여러 개의 은행을 보유한 막강한 금융사업가의 반열에 오르게 되었다. 이후로도 그는 증권, 부동산 등에 손을 댔는데, 손대는 사업마다 성공을 거두게 된다. 그의 할아버지는 1845년 무렵 아일랜드에 불어닥친 흉작과 감자페스트로 인한 대기근 무렵 미국으로 온 이민자였다. 당연히 수중에 가진 돈은 없었다. 다행히 그의 아버지 역시 그처럼 수완이 좋은 인물이었다. 물려받은 재산 한 푼 없었지만 돈이 되는 일이라면 닥치는 대로 해서 지금의 그와 같은 정도는 아니었지만, 제법 많은 재산을 모을 수 있었다. 덕분에 그는 유복한 가정에서 자라날 수 있었지만, 한 가지 콤플렉스가 있었다. 많은 노력을 해서 하버드를 졸업하고 막대한 재산을 모았지만, 그에게는 아일랜드 하층 농부의 자손이라는 꼬리표와 당시만 해도 사회의 비주류이던 로마 가톨릭 신자라는 꼬리표가 늘 따라다녔다. 때문에 그는 젊은 시절부터 미국 사회의 주류에 포함되겠다는, 거기에서 더 나아가 미국 사회를 주도적으로 이끌어나가는 위대한 인물이 되겠다는 야심이 가득했다.

배우자를 고를 때도 자기 자신의 그러한 야심을 이루는 데 도움이 되는가가 가장 큰 고려요소였다. 아내 로즈는 보스턴 시장의 딸이었다. 하지만 그는 자신의 한계를 알고 있었다. 젊은 시절 기반을 쌓기 위해 발버둥 치던 시기에 돈이 되는 일이라면 무슨 일이든 가리지 않고 해왔던지라 그의 과거에는 알려지지 않은 오점들이 너무나 많았다. 사업 파트너에 대한 협박, 당시에는 불법이었지만 가장 큰 수익사업이기도 했던 밀주 생산, 불법대출 및 뇌물 제공 등이다. 사업가라면 무용담 정도로 이해될 것이었지만, 보다 큰 꿈을 꾼다면 분명 결정적인 순간에 발목을 잡을 것이 뻔했다. 때문에 그는 많은 정치자금을 제공한 민주당과의 친분과 주영 미국대사라는 막강한 지위를 갖고 있었음에도 불구하고 정치인의 꿈은 버려뒀었다. 대신 그가 택한 길은 자신의 가족 중에서 대통령을 배출하는 것이었다.

이를 위해 그는 오랜 기간 많은 노력을 해왔다. 그중에서도 가장 큰 공을 들였던 것이 바로 나중에 1960년 선거에서 케네디 후보에게 가장 큰 자산이 되어주었던 저녁식사 식탁에서의 형제들 간 토론이었다. 토론 분위기 조성을 위해 조지프는 아내 로즈에게 저녁식사를 두 군데로 나눠서 차리도록 했다. 나이가 많은 조셉, 존, 로버트 3형제와 나이가 어린 다른 형제, 자매들을 따로 앉도록 한 것이다. 어린 남매들에게는 그들에게 맞는 이야기를 들려주고 서로 자연스럽게 이야기하도록 했고, 나머지 3형제들에게는 그날 자신이 〈뉴욕타임스〉에서 읽었던 뉴스들 중 토론이 될 만한 토픽들을 뽑아 은근슬쩍 '싸움'을 붙였다. 그러면 형제들은 한 치의 물러남 없이 자신의 의견을 개진하며 팽팽한 토론을 벌였다.

처음에는 큰 아들 조셉이 가장 탁월했다. 스스로도 어린 시절부터 대단한 정치인이 되겠다는 야심이 있었던 그는 아버지 조지프의 기대를 한 몸에 받으며 성장했다. 반면 나중에 대통령이 된 존은 유쾌하고 쾌활하며 매력 넘치는 대신 형 조셉과 같은 진지함은 조금 떨어졌다. 존이 대통령이 되었을 때 최연소로 법무부장관에 임명되기도 했던 로버트는 자신감은 조금 부족한 편이었지만 차분함과 상대편을 배려하는 토론 자세가 인상적이었다. 그들은 서로의 장단점을 토론을 통해 배우고 보완할 수 있었다.

그런 형제간의 토론이 얼마나 치열했으면 후에 대통령이 된

존 F. 케네디가 "어떻게 그렇게 토론을 잘할 수 있었습니까?"라는 기자의 질문에 "대통령이 되기 위한 토론은 어린 시절 우리 형제간에 매일 밤 벌어졌던 토론에 비하면 그 치열함이랄까 긴장감이 훨씬 덜한 편이었습니다"라고 답했을까.

이처럼 대통령의 아버지 조지프는 오래전부터 알고 있었다. 대통령을 포함한 위대한 인물을 만들어내기 위해서는 가족들의 협업이 필요함을 말이다. 그리고 가족과 어떤 시간을 어떻게 보내느냐에 따라 평범한 인물이 위대한 인물이 될 수도, 위대한 인물이 더 위대한 인물이 될 수도 있음을 말이다.

케네디家가 위대한 가문이 될 수 있었던 것은 확실히 그 가문을 구성하는 가족 개개인의 탁월한 역량 덕분이었다. 하지만 그들이 단순히 '탁월함을 넘어 위대한(Good to Great)' 가족이 될 수 있었던 것은 그런 탁월한 개인(pA)들이 모여서 함께 보냈던 그 시간(fH)들 덕분이었음을 잊지 말아야 할 것이다.

발렌베리,
150년의 영광

세계 초우량 기업의 워너비

2003년 삼성그룹의 이건희 회장이 그룹의 핵심 임원이자 자신의 오른팔과도 같았던 당시 이학수 부회장과 아들 이재용 상무를 대동하고 해외출장에 나섰다는 소식이 들려왔다. 기자들은 그들 부자가 어느 나라 어느 기업을 방문했는지를 알아내기 위해 부산을 떨었다. 그들 부자가 관심을 갖는 기업을 알면 향후 삼성그룹의 사업전개 방향을 아는 데 도움이 되리라는 생각에서였다. 하지만 그들이 방문했다는 기업의 이름을 전해 들은 기자들은 의아해질 수밖에 없었다.

스웨덴 스톡홀름에 위치한 인베스터(Investor)사.

이건희 회장 부자가 방문한 회사였다. 미국이나 독일의 유수한 기업들이 아닌 북유럽의 이름조차 잘 알려지지 않은 회사를 방문했다는 소식에 기자들은 도대체 이 '인베스터라는 회사의 정체가 무엇인가?'에 대한 열띤 조사에 착수했다. 그리고 그 정체를 알게 된 후 놀란 입을 다물 수가 없었다.

지주회사 격인 인베스터와 사회공익재단의 성격이 강한 발렌베리 재단이 경영권을 갖고 있는 발렌베리그룹은 스웨덴 GDP의 30% 이상을 차지하는 초거대 기업집단이었다. 편의상 '발렌베리그룹'이라고 하지만, 실제 발렌베리그룹이라는 기업집단은 존재하지 않았으며 4개의 주요 산업분야에 걸쳐 130여 개의 기업에 영향력을 발휘하는 형태로 운영되고 있었다. 그 기업 중에는 통신장비 분야 세계 1위인 에릭슨(Ericsson)과 세계 굴지의 제약회사인 아스트라제네카(AstraZeneca), GE, 롤스로이스(Rolls-Royce) 등과 더불어 세계 항공기 엔진 시장을 석권하고 있는 사브(Saab), 유럽 1위의 가전회사인 일렉트로룩스(Electrolux) 등 엄청난 기업들이 포진하고 있었다. 그제야 기자들은 왜 이건희 회장 부자가 스웨덴의 인베스터를 방문했는지 이유를 알게 되었다. 인베스터야말로 우리가 모르는 유럽 산업계의 강자였던 것이다. 특히 전기·전자 분야에 여러 우량기업을 보유하고 있었기에 세계 유수의 전자회사로 급부상한 삼성전자의 회장 부자가 관심을 갖고 방문할 만하다는 것이었다.

하지만 그런 그들의 예상은 결론부터 이야기하자면 100% 틀렸다. 정작 이건희 회장 부자가 인베스터를 방문한 이유는 다른 곳에 있었다. 그들이 스웨덴 경제의 30%를 차지하고 있다거나, 130여 개의 초우량 기업을 보유하고 있다거나, 세계 전기·전자·정보통신 분야의 강자라거나 하는 것은 그다지 큰 이유가 되지 못했다. 정작 그들이 관심을 가진 것은 인베스터와 발렌베리 재단의 창립자이자 현재도 실질적으로 운영하고 있는 발렌베리 가문이 무려 150여 년간이나 스웨덴 경제를 주무르고 있으면서도 스웨덴 국민들로부터 절대적인 지지와 사랑을 받는다는 사실이었다.

삼성도 우리나라 경제계에서 차지하는 위상이 매우 절대적인 편이지만, 스웨덴 경제에서 발렌베리 가문 혹은 그 가문이 경영하는 기업들이 차지하는 비중에 비하면 오히려 매우 제한적이었다. 하지만 스웨덴 국민들은 발렌베리 가문이라고 하면 엄지손가락을 꼽으며 최고의 가문으로 인정해주고 그들을 높이 평가하는 데 주저하지 않았다. 삼성을 자랑스러워하기도 하지만 그와 비슷한 정도의 비판 여론이 끊임없이 제기되는 한국의 현실과는 많은 차이가 있었다. 흔히 우리나라 재벌기업이 비난을 받을 때 가장 큰 이유로 등장하는 문어발식 사업확장에 대해서도 삼성은 오히려 전자·금융·서비스 정도로 정리가 되지만, 발렌베리 가문이 경영하는 회사는 전기·전자에서 시작해 항공기 엔진·건설·제약·금융·통신 등 말 그대로 우리 생활 모든 영역에 걸쳐 있었다. 그럼에도 불구하고 스웨덴 국민 그 누구도 그들에 대해 문어발이니, 무분별한 사업확장이니 하며 비난하는 사람은 없었다. 이건희 회장 부자는 바로 발렌베리 가문의 그 비결을 배우고 싶었던 것이다.

그렇다면 그들이 그러한 절대적인 지지를 받을 수 있었던 비결은 무엇이었을까?

발렌베리, 뛰어난 가족에서 위대한 가문으로

18세기 중엽, 스웨덴 스톡홀름의 남서부에 위치한 작은 도시 린셰핑(Linköping)에는 마쿠스 페르손과 야콥 페르손이라는 형제가 살고 있었다. 신분상승 욕구가 강했던 이들은 자신들의 성을 귀족적인 느낌이 나도록 '발렌베리'로 바꾸고 모험 가득한 삶을 일궈나갔다. 동생 야콥은 동인도회사의 무역선을 얻어 타고 전 세계를 여행하고 그 경험을 바탕으로 한 여행기 《갤리선을 탄 내 아들(My son on the galley)》이라는 책을 쓴 유명한 모험가이자 소설가였다. 하지만 그는 안타깝게도 32살의 나이에 요절하고 말았다. 반면 형 마쿠스는 모험보다는 안전한 현실을 택했고, 자신과 같은 이름을 붙여준 아들 마쿠스 발렌베리 주니어는 자라나서 린셰핑의 가톨릭 주교가 되었다.

하지만 그는 주교라는 성직자로서의 역할보다는 그를 바탕으로 당시의 숨 막히는 사회구조와 그릇된 정치체계를 바꾸는 혁명가가 되고 싶었다. 그래서 빈번하게 사회운동에 뛰어들었지만 번번이 봉건사회의 높은 벽에 가로막히고 말았다. 그런 마쿠스 발렌베리 주교는 여러 명의 자식을 두었는데, 그중 막내아들이었던 앙드레 오스카 발렌베리(André Oscar Wallenberg)는 해군사관학교를 졸업하고 장교로 근무하다 아버지 마쿠스 발렌베리 주니어가 못 이룬 꿈을 이루기 위해 정치인이 되었다.

마쿠스 발렌베리 주니어는 읍살라대학교에서 철학과 법학으로 박사학위를 받은 당대 최고의 지식인으로 당시 스웨덴에 만연해 있던 보수주의 왕정문화를 탈피하여 자유주의에 기반한 개혁을 해야 한다고 주장하던 정치운동가였다. 하지만 왕정 유지를 원하는 군부와 그들을 비호하는 강력한 귀족세력에 밀려

중앙정치권에서 밀려나고 말았던 비운의 인물이기도 했다. 그런 모습을 보며 자라온 앙드레였기에 정치를 시작하면서 대대적인 개혁정치를 펼치기 시작했다. 영국을 제외한 다른 국가에 비해 많이 늦었던 미터법의 도입을 강력하게 추진했고, 전 세계적으로 대세로 자리 잡은 금본위 환율제 도입, 여성들에 대한 투표권 부여부터 시작해 대대적인 금융개혁까지 30여 년간에 걸친 그의 개혁정치는 많은 성과를 거두었다. 그 와중에 지금까지 현존하며 스웨덴 금융계의 중심으로 군림하는 SEB의 전신인 스칸디나비스카 엔스킬다 방켄을 설립하게 된다.

이후 현재 발렌베리 재단과 지주회사 격인 인베스터의 경영을 맡고 있는 야콥 발렌베리, 마르쿠스 발렌베리, 피터 발렌베리 2세 등 5세대 경영에 이르기까지 지난 150여 년간 발렌베리 가문은 두 차례의 세계전쟁과 여러 차례의 사회적 변혁을 겪으면서도 꿋꿋이 그 명맥을 이어 내려왔고 성장을 거듭하여 지금에 이르렀다.

더군다나 가장 중요한 점은 앞서 이야기한 것처럼 그토록 막대한 부를 차지하고 있음에도 불구하고 그들에 대한 스웨덴 인들의 애정과 존경은 우리가 알고 있는 기업인에 대한 일반 대중의 인식과는 거리가 멀어도 한참 멀다는 것이었다.

도대체 어떻게 그들은 자신들의 가문 정체성을 잊지 않으면서도 기업을 확장시키고 가문을 일궈올 수 있었을까?

그들에게도 변함없었던 위대한 가족의 함수

발렌베리 가문이 지난 150여 년간 스웨덴이라는 한 나라의 부를 좌지우지하면서도 국민들의 질시 대신 존경과 부러움의 대상이 되어 큰 불협화음 없이 경영해올 수 있었던 비결로는 여러 가지가 있을 것이다.

하지만 개인적인 도덕적 결함으로 사회적 지탄의 대상이 된다거나, 사업적으로 그른 판단을 해서 기업에 큰 손해를 끼치는 경영자 한 명 없이 개인적으로나 경영자로서나 탁월한 역량을 발휘한 훌륭한 후계자를 계속적으로 배출했다는 점이 가장 큰 비결이 될 것이다.

그런데 그들이 후계자 선정과 상속 과정에서 큰 어려움을 겪는 다른 기업들과 달리 장장 150년 동안이나 계속해서 훌륭한 후계자를 골라 육성할 수 있었던 것은 가문 대대로 내려오는 10가지 자녀교육의 원칙이 가장 큰 역할을 했다는 데에는 사람들 사이에 별다른 이견이 없다.

그들이 오래전부터 지켜온 10가지 자녀교육의 원칙은 다음과 같다.

① 해군장교로 복무하여 강인한 정신력을 기르도록 한다.
② 명문대와 세계적인 기업에서 넓은 안목을 기른다.
③ 국제적인 인맥 네트워크를 만든다.
④ 대대로 내려오는 원칙을 공유하고 중시한다.
⑤ 돈은 번 만큼 사회에 돌려주는 것이 당연하다.
⑥ 일요일 아침마다 자녀들과 산책을 하며 함께 시간을 보낸다.
⑦ 형제간 옷을 대물림하며 검소한 생활을 몸에 익힌다.
⑧ 결코 튀지 않게 행동한다.
⑨ 할아버지가 손자의 스승이 되어 지혜를 전한다.
⑩ 후계자가 되려면 먼저 애국심을 갖춰야 한다.

이 10가지 자녀교육 원칙이 전해졌을 때 사람들은 군대 복무, 그것도 해군장교로의 군대 복무가 첫 번째 원칙인 것에 대해 많이 의아해했다. 그도 그럴 것이 스웨덴의 경우 1902년부터 시작된 징병제가 2010년 7월부로 모병제로 바뀌었고, 만일 의무복무를 해야 한다고 하더라도 발렌베리 가문 정도 되는 집안의 후손이라면 우리나라 많은 유력가문의 후손들처럼 유학 등의 방법으로 얼마든지 면제받을 수 있을 것이기 때문이었다. 그런데도 발렌베리 가문에서는 거친 바다에서 병사들을 지휘하며 강인한 정신력과 체력을 기를 수 있는 해군장교로 복무할 것을 아예 가훈으로 못 박아버렸다. 나머지 원칙들도 세계적인 대재벌 명문가의 가훈으로는 지극히 소박하고 단조로운 것이 대부분이었다. 결코 튀지 않게 생활하고, 옷을 물려 입는 검소한 생활을 하며, 새로운 것을 창조하기보다는 대대로 내려오는 원칙과 전통을 중시하고, 사회에 기여(기부, 애국심 발휘 등)하는 것을 중시했다.

그런데 많은 사람들이 흥미롭게 여긴 것은 여섯 번째 원칙과 아홉 번째 원칙이었다.

'일요일 아침마다 자녀들과 산책을 하며 함께 시간을 보낸다.'

'할아버지가 손자의 스승이 되어 지혜를 전한다.'

명문가의 가훈치고는 뭔가 밋밋하고 '별 쓸데없는 것까지 다 신경 쓰시네'라는 생각이 드는 것도 사실이다. 하지만 발렌베리 가문은 바로 이 여섯 번째와 아홉 번째 원칙을 통해 지금의 모습으로 성장해왔다고 말해도 과언이 아닐 정도로 철저하게 이 원칙을 지켜왔고, 그 결과 많은 도움을 받을 수 있었다.

스웨덴에 있는 발렌베리 가문 후손들의 주거지를 방문하는 사람들은 세 번 놀란다고 한다. 첫째는 그토록 어마어마한 부를 소유한 가문 사람들이 사는 집이 일반 스웨덴 국민들의 집과 크게 다르지 않아서이고, 둘째는 그들이 공적인 업무를 제외하고는 별도의 기사를 두지 않고 손수 운전을 하고 다닌다는 것이고, 셋째는 매주 일요일이 되면 세계적 거물 가문 출신 경영자들이 아이들의 손을 잡고 마치 평범한 동네 주민처럼 근처 공원을 산책하는 모습을 볼 수 있어서라고 한다. 그들은 지금까지도 이 원칙을 철저하게 지키고 있다.

바로 이 원칙에서도 우리는 성공하는 가족의 함수를 찾아볼 수 있다.

세계에서 유독 발렌베리 가문에서만 경영자로서 우수한 능력과 잠재력을 가진 사람들이 태어나지는 않았을 것이다. 때로는 다른 일반인들보다 훨씬 모자란 능력을 가진 가족 구성원이 태어날 수도 있다. 그럼에도 불구하고 오랜 기간 성공적인 사업을 일구어온 훌륭한 경영자를 배출해낸 데에는 10가지 자녀교육의 원칙 중 '성공하는 가족의 함수'와 깊은 연관성이 있는 여섯 번째와 아홉 번째의 영향이 컸음을 어렵지 않게 유추해볼 수 있다.

발렌베리 가문에서는 주요한 사업적 의사결정이나 회의를

할 때 회의실 옆방에 향후 후계자가 될 자녀들을 앉혀놓고, 일부러 회의실 문을 반쯤 열어두었다고 한다. 그 틈을 통해 어른들이 교섭을 하고 협상을 하는 내용을 엿들으며 자연스럽게 사업을 배워나가도록 하는 배려였다는 것이다. 이러한 것들이 간접적인 가르침이라면 그들은 일요일 아침마다 자녀들과 함께 산책을 하며 보다 직접적인 가르침을 주고, 그들의 생각을 이해하는 기회로 삼았다. 조용한 마을 공원을 산책하며 아버지는 아들에게 사업을 하는 경영자로서 해야 할 것과 하지 말아야 할 것을 이야기해주고, 아들은 아버지에게 자신이 하고 싶은 일들과 구상하는 사업 방향에 대해 어설프게나마 의사표현을 할 수 있었다. 마찬가지로 할아버지는 손자의 스승이 되어 아버지가 전해주지 못한 내용들에 대해 좀 더 객관적이고 폭넓은 시야에서 바라본 경험을 전해주었다. 그렇게 자라난 발렌베리 가문의 경영자들은 아무리 젊어도 절대로 경솔하거나 경박하지 않고, 노련하고 경험 많은 경영자의 모습을 보여주게 된 것이다.

이 모든 것이 개인의 역량(pA)을 기반으로 가족과 함께 보내는 시간(fH)를 최대화하여 가족의 성과(fS)를 극대화하는 '성공하는 가족의 함수'와 정확히 맞아떨어지는 모습이다.

수신제가치국평천하

안타까운 청문회

그런데 우리들 그리고 우리 가족들의 현실은 이러한 위대한 가족들의 모습과는 거리가 멀어도 한참 먼 것이 현실인 듯하다.

몇 해 전 정부 부처 모 장관의 인사청문회가 열린 날.

여의도에 위치한 한 고깃집에서 그 장관이 취임할 부처에서 근무하는 한 선배와 식사할 일이 있었다. 청문회 준비와 마무리 때문에 모임시간보다 1시간 가까이 늦게 도착한 선배는 입으로는 남겨진 음식으로 늦은 저녁식사를 하며, 손으로는 오랜만에 만난 후배들과 악수를 나누고, 눈으로는 식당 벽에 걸린 TV를 통해 자신의 새로운 직속상사가 될지도 모르는 장관 후보자가 진땀을 흘리며 국회의원들의 질문에 답변하는 모습을 보느라 부산했다.

"아마, 낙마하게 될 것 같아."

허겁지겁 남은 음식들을 먹고 마시던 선배가 우리를 향해 툭 던진 말이었다.

안 그래도 시끄러운 식당 소음 탓에 내용이 제대로 들리지는 않았지만, TV 뉴스에 등장한 기자의 멘트 또한 야당과 일부 여당 의원들의 반대 여론이 강해 청문회 보고서 제출은 물론 취임 자체가 힘들 수도 있다는 내용이었다. 사유는 언제나 청문회의 단골 메뉴여서 이제는 새삼스러울 것도 없는, 자녀의 위장 전입과 투기 의혹이었다.

그런데 급히 식사를 마치고 한숨을 돌리며 이제 본격적으로 술잔을 돌리기 시작하는 선배의 입에서 나온 이야기는 좀 뜻밖이었다. 자신이 봐도 장관 후보자의 범법 사유는 너무나 명백하고 또 비난받아 마땅한 것들이지만, 그것들이 대부분 청문회 직전까지도 장관 후보자는 몰랐던 사실일 거라는 것이었다. 이번에 문제가 된 장관 후보자가 임명되었다는 뉴스가 보도될 무렵 전화통화를 통해 "나랑 엄청나게 사이가 안 좋은 양반인데… 내 공직생활도 이제 꼬였다, 꼬였어" 하는 푸념을 들었던 나로서는 선배가 단지 '자신의 보스가 될지도 모르는 사람'이라는 이유만으로 무작정 장관 후보자를 옹호하는 거라고는 생각되지 않았다. 이어지는 선배의 이야기도 그러했다.

"내가 저 양반 사무관일 때 한 번, 부이사관일 때 또 한 번 직접 모셨잖아. 나랑은 여러 가지 이유로 잘 맞지 않는 양반이었지만, 내가 아는 한 절대로 자녀들 위장전입을 시키거나 투기성 토지 구매를 할 사람은 아니지. 아니, 그런 배포가 없는 사람이야."

그리고 실제 이번에 청문회 준비를 담당하며 선배가 장관 후보자에게 답변에 필요한 자료를 준비해서 보고했더니 '이게 다 무슨 이야기냐?'는 표정이었다고 한다. 심지어 자녀가 다니는 고등학교가 특수목적고등학교인지 일반공립학교인지도 몰랐고, 자신과 부인의 명의로 땅이 어디에 얼마나 더 있는지도 전혀 몰랐다고 한다.

"저 양반 성격이 원래 그래. 융통성이라고는 전혀 없고, 거의 일 중독에 가깝고."

그런데 그런 답답하고 꽉 막힌 남편을 대신해서 아내가 수완을 발휘한다는 것이 조금 도를 넘어선 듯했다. 언론과 야당에서는 도덕성이 결핍된 부적절한 인사라며 철회하라고 난리였다. 결국 그 후보자는 자진해서 장관직을 포기해버리고 말았다.

그런데 그때 그 이야기를 듣고 있던 후배들 중 아직 결혼을 하지 않은 총각들이 고개를 갸웃하며 물었다.

"아니, 어떻게 같은 집에서 한 이불 덮고 사는 부부간에 모르는 일이 있을 수 있죠?"

"부모가 어떻게 자식이 몇 학년인지, 몇 반인지 모를 수가 있어요? 우리 어머니는 제가 몇 반, 몇 번인지도 다 아셨는데."

"가족끼리 그런 중요한 정보를 공유하지 않았다는 것이 믿기지가 않아요. 어떻게 가족끼리 그럴 수 있죠?"

그러자 그런 질문을 받은 유부남 선배들은 고개를 끄덕이며 저마다 조그마한 소리로 읊조렸다.

"응, 가능해. 가족 간에도. 그런 일이."

부실한 가족 네트워크-가족은 재미가 없어요!

한국의 많은 가족들이 성공한 가족을 만드는 함수의 중요성을 이해하고 그를 실천하여 자신들도 성공한 가족이 되었으면 좋겠다는 생각을 하고 있음에도 불구하고, 실제로는 그 어느 집단보다 더 커뮤니케이션 단절 및 상호 협력과 지원이 불가능한 상태에 처해 있는 경우가 많다.

야간에 문을 여는 의류시장들이 몰려 있는 동대문, 그중에서도 가장 큰 규모에 속하는 D 쇼핑몰의 8층에서 9층으로 올라가는 비상계단에 가보면 가끔씩 종이컵이 잔뜩 든 비닐봉지를 들고 몰려 있는 아이들을 만날 수 있다.

2011년 8월 어느 날, 새벽 1시 30분.

이날 역시 그곳에는 중학교 2~3학년쯤 되어 보이는 앳된 모습의 아이들이, 두서너 명은 졸음을 이기지 못하고 계단에 걸터앉아 벽에 기대어 잠들어 있고, 다른 몇몇은 뭐가 그리 좋은지 깔깔대며 웃고 있고, 또 다른 몇몇은 둘러앉아 몰래 구해 온 술을 마시고 있었다. 언제부터 그러고 있었는지 빈 소주병 여러 개가 그들의 뒤편에 널브러져 있었다. 조금 많다 싶게 구해 온 종이컵은 이들에게 무척이나 유용한 도구라고 했다. 우선 술과 음료를 나눠 마시는 원래의 용도로도 많이 활용되지만 재떨이 또는 담배 연기가 새어나가 화재경보기 등에 걸리지 않도록 하는 환기 필터 역할로도 유용하게 활용된다는 것이었다.

그러다 가끔씩 순찰을 하던 보안요원에게 걸려 관리사무실로 끌려가 꾸지람을 듣기도 하고, 심할 경우에는 학교와 부모님께 연락이 가는 낭패를 겪는 경우도 있었다. 하지만 대부분의 경우 계단 쪽 방향에서 소화기 등으로 막아놓은 비상출입구가 열리는 소리가 들리면 잽싸게 다른 층으로 뛰어 도망가면 되고, 이제는 너무 자주 들락거려 천장 어느 곳에 CCTV가 있는지조차 제 손바닥 보듯 훤하게 아는 이들에게는 이곳처럼 만만한 장소가 또 없었다. 비록 냄새도 조금 나고 지저분하며, 겨울에는 춥고 여름에는 더워서 그다지 쾌적한 환경은 아니지만….

몇 차례 실패한 끝에 이 아이들과 대화를 나눌 수 있었다.

"왜 이 시간에 집에 들어가지 않고 여기 있는 거니?"

"그냥이요."

"부모님이 걱정 안 하셔?"

"별로요. 그냥 독서실에 있는 줄 아실걸요?"

"집에는 왜 안 들어가는 거니?"

"그러는 아저씨는 집에 왜 들어가시는데요?"

"그야, 당연히 가족이 있고, 해야 할 일이 있고, 또… 집에 가면 좋잖아?"

"저희는 좋지 않아요."

"집에 가면 할 것도 없고."

"재미없어요."

대화는 거기에서 끝이 났다. 그들의 마지막 이야기들에 모든 것이 다 담겨 있었다.

그들에게 가족은 덥거나 춥고, 냄새도 나고 지저분하며, 때로는 위험하기도 한 그곳의 환경을 참아내고 버티게 할 만큼 지극히 '할 일 없고, 재미도 없는' 존재인 것이었다.

그런데 이와 같은 대답은 빈 사무실에서 홀로 마우스를 또각대고 있는 40대 직장인들의 대화에서도 흔히 들을 수 있다.

"집에 들어가 봐야 뭐 하냐? 할 일도 없는데."

"사무실이 제일 편해. 여름엔 시원하고 겨울엔 따뜻하고. 인터넷 되지, 음료수 다 있지."

"집에 일찍 가봐야 재미없잖아."

어쩌다가 우리 가족이 이런 취급을 받게 되었을까?

확실히 가족과 함께하는 프로그램은 늘 재미가 없다.

폭력, 섹스 등에 길들여진 현대인, 특히 자녀들의 눈에 가족과 함께하는 것은 밋밋하고 자극적이지 못하다. 한마디로 재미가 없다. 특히 연령·성별·사회적 지위와 경험의 차이가 있는 아빠, 엄마, 자녀가 함께 즐거움을 느낄 만한 것은 그다지 많지 않다. 그러다 보니 혈연이라는 이유만으로 같은 공간, 같은 시간을 점유하고는 있지만, 그것만으로는 한계가 있다. 같이하는 시간이 재미없다 보니 점차적으로 함께하는 시간이 줄어들게 되고, 그에 따라 그나마 얼마 안 되는 함께하는 시간이 더더욱 재미가 없게 되는 악순환이 벌어지고 있는 것이다.

이러한 문제의 원인에는 여러 가지가 있겠지만, 그중에서도 그러한 가족이 함께할 수 있는 시간을 갖는 것, 가족 간의 긴밀한 네트워크를 만드는 데 가장 중요한 역할을 해야 함에도 불구하고 제 역할을 하지 못하고 있는 한 사람의 부진이 가장 큰 원인이다.

한때 인기를 끌던 광고 중 이런 것이 있었다. '국민 할매'라는 캐릭터로 인기를 끈 가수 김태원 씨가 친딸과 함께 운전을 하며 어디론가 가는 장면이다. 아빠 김태원은 딸과 친해지려고 "딸, 고3이라 힘들지?"라고 묻는다. 그러자 딸은 "글쎄, 아직 고2라서"라고 대답하는 것이 주 내용이다. 그 광고를 보고 그저 웃을 수만은 없는 사람들이 꽤 있었을 것이다.

바로 앞서 이야기한 '제 역할을 못하고 부진함을 보이고 있는 가족 멤버'인 집안의 가장, 이 시대의 아버지들이 바로 그들이다.

아빠를 구해줘—아빠의 프레임 vs 엄마의 프레임

몇 해 전, 뉴질랜드로 아내와 자녀들을 보내고 기러기 아빠로 지내오다가 아예 이민을 결심한 한 지인의 환송회 자리였다. 자리가 자리이니만큼 얘기의 주제는 자녀교육과 관련한 것이었다.

함께 자리한 이들 모두가 하나같이 한국의 가정이 무너지고 있다는 데에 공감했다. 그리고 그 문제의 중심에는 역시 사라져버린 가장의 역할이 있음을 지적했다. 모임에 참석한 멤버 중 한 명이 먼저 화두를 꺼냈다.

"대한민국에는 '치국평천하'하려는 가장만 존중해주고 '수신제가'는 당연히 여기면서, 그에 관심을 갖는 가장을 '쪼잔한 사람, 자기 식구만 챙기는 사람'이라며 비하하려는 경향이 있어."

그 이야기에 많은 이들이 동감을 표시했다.

"맞아, 평천하하려는 사람만 바글대고, 수신하여 제가하려는 사람은 사라져버린 시대지."

"그뿐인가? 집안일을 가족들은 모두가 다 아는데, 정작 중요한 의사결정을 내려야 하는 가장만 모르고 있는 경우도 흔하지."

"오죽하면 이사 갈 때 강아지를 꼭 안고 있으라고 하겠어? 나는 놓고 가도 강아지는 챙겨 갈 테니 버림받지 않으려면 강아지라도 붙들고 있으라는 얘기지."

"그러게, 가장 대접은 무슨 가장 대접이야? 대접받기는커녕 다 떠받들고 살아야 하는걸."

정도의 차이만 있을 뿐 대부분의 가장들이 가족 간의 네트워크, 공감대 형성, 함께하는 시간 부족에 대해 고민하고 있었다. 그런데 진짜 문제는 가장들이 느끼는 고민과 걱정의 강도가 다른 구성원들보다 훨씬 더 크고 강하다는 것이다.

앞서 예로 든 국회 청문회에 출석한 장관 후보자를 포함해 뉴질랜드로 이민을 떠나는 지인의 환송회 자리에 참석한 이들처럼 가족 간의 네트워크를 형성하여 서로가 보유한 역량을 증진시키고 상호 긍정적인 영향력을 발휘하는 시간(fH)을 갖는 데 어려움을 느끼는 가장들이 점점 더 많아지고 있다. 그러다 보니 세계적인 명문가, 성공한 사람들이 가족과 함께 성공하고, 가족과 함께 그 성공을 즐기는 것처럼 하지 못하고 있으며, 그로 인해 힘들어하는 가장과 가족들이 늘어나고 있다.

그렇다면 오늘날 수많은 한국 가장과 그 가족들은 왜 그렇게 못하는가? 그리고 그 이유는 무엇일까?

여기에는 크게 세 가지 이유가 있다.

첫째, 대부분의 가정에서 아빠의 사고방식은 하드웨어 중심인 데 반해 엄마를 포함한 다른 구성원들은 소프트웨어 중심이기 때문이다.

전체가 다 그런 것은 아니지만 대다수 아빠(남성 어른)들의 사고방식은 어떠한 틀을 만들어놓고 그 틀에 의해 논리를 세우고 판단하고 결정을 내리는 형태를 띠고 있다. 이와 같은 방식은 의사결정의 속도를 빠르게 하고, 한 번 내린 결정을 실천하는 데 필요한 행동력을 증대시키는 경향이 있다. 이는 대다수의 아빠, 가장들이 몸담고 있는 사회생활에서 성공하는 데 많은 역할을 하는 사고방식이다.

반면 엄마와 어린 자녀들의 경우 고정된 틀보다는 어떠한 관계, 어떠한 상황마다 수시로 변화하는 관계 중심적이고 상황 중심적인 사고를 하려는 특징을 보인다. 이는 대다수의 비정규적인 사회생활과 지극히 인간관계 중심의 친교활동에서 보이는 특징이기도 하다. 따라서 하드웨어 중심의 사고를 하는 아빠에게는 소프트웨어적인 사고를 하는 엄마나 다른 자녀들이 '개념 없고, 지루하고 답답하며, 속 편한 사람들'로 여겨지게 되고, 소프트웨어 중심의 사고를 하는 엄마와 자녀에게 하드웨어적인 사고를 시도하는 아빠는 '고루하고, 앞뒤가 꽉 막혔으며, 들들 볶는 사람'으로 여겨지기 십상이다.

둘째, 아빠는 세상의 눈으로 가족을 보는 데 반해 엄마는 가족의 눈으로 세상을 보기 때문이다.

대부분의 가정에서 아빠는 사회생활을 책임지고, 엄마는 가정생활을 책임지는 형태의 분업을 하고 있다. 불행하게도 아빠와 엄마가 모두 맞벌이를 하는 가정에서도 이러한 형태의 분업은 크게 다르지 않다. 두 사람 모두가 일을 해도 결국 가정에 대한 관리는 상당 부분 엄마가 책임을 많이 지게 되는 것이 현실이다.

그 때문인지는 몰라도 아빠는 세상을 살아가며 사용했던 눈(시각, 생각, 판단의 근거 등)으로 가족을 바라보고 이해하는 데 비해 엄마는 가족을 바라보던 눈으로 세상을 바라보려는 경향이 있다. 이런 경향의 차이에는 각기 일장일단이 있다. 어찌 되었든 학교생활, 군대생활을 거쳐 직장생활을 하며 배우고 익힌 눈으로 학창시절을 제외하고는 자신과 비슷한 경험을 해본 적이 없는 엄마(아내)를 바라보거나 아직 나이가 한참 어린 자녀들을 바라보는 것은 문제의 소지가 다분하다. 특히 자녀들이 '아빠는 우리를 이해하지 못해'라고 단정 지어버릴 수 있는 여지가 많다.

셋째, 아빠 화법과 엄마 화법의 차이가 크기 때문이다.

가뜩이나 사고와 세상을 바라보는 눈이 다른데, 그렇게 바라보고 판단한 것들을 표현하는 방식까지 차이가 나니 자녀들은 더 이상 아빠와 이야기하고 싶어하지 않는 것이다. 제법 머리가 굵은 자녀들을 둔 선배들과 대화할 때면 나오는 공통적인 푸념이다.

"애들이 제 엄마랑은 곧잘 얘기를 잘하는데, 나랑은 통 이야기를 하려 들지를 않아."

"그게 다 바빠서 애들 얼굴 볼 틈이 없어서 그럴 거야."

"좀 덜 바빠야 애들이랑 얘기도 좀 나누고 친해질 텐데."

확실히 상당수의 아빠들이 엄마한테 하는 것에 비해 자신에게는 말을 잘 걸려고 하지 않는 자녀들에 대한 고민을 하고 있다. 그렇다면 아빠의 화법과 엄마의 화법에는 어떤 차이가 있을까?

아빠 화법의 가장 대표적인 특징은 자녀들과의 대화에서조차 의문형 화법보다는 단정형 화법이 차지하는 비율이 훨씬 높다는 것이다. 반면 엄마 화법은 자녀들의 이야기에 우선적으로 동조를 하고 반대되는 의견이 있을 때에도 부드러운 질문을 통해 상대방이 쉽게 자신의 생각을 이야기할 수 있도록 분위기를 유도하는 데 탁월하다. 물론 아빠 화법에서도 의문형 화법이 자주 쓰이기는 한다. 하지만 전체적인 분위기가 상대방의 이야기를 듣고 싶어 시도하는 의문형 대화가 아니라, 상대방이 맞는지 틀리는지를 살펴보기 위한 '취조형' 의문문이 대부분이다.

이런 특징은 가정에서뿐만 아니라 밖에서 이루어지는 남자들끼리의 술자리에서도 쉽게 볼 수 있다. 정신과 전문의인 한 선배가 농반진반이라며 들려준 말에 따르면, 나이가 들수록 남자들의 술자리에서 늘어나는 말은 "그러니까, 내 말 좀 들어봐"이고 여자들의 술자리에서는 "그래? 좋겠네?"라고 한다. 남자들은 나이가 들수록 누군가 자신의 이야기를 들어주기를 바라고 자신이 무언가 지시를 하거나 훈계하기를 바라는 반면, 여자들은 나이가 들수록 다른 사람이 말하는 것을 듣고 싶어 하고 그들이 잘 이야기할 수 있도록 동조하고 배려해주는 마음이 커진다는 것이다. 다른 많은 이유가 있겠지만, 그 쓰이는 말들의 차이만 보더라도 왜 여성이 남성보다 장수를 하는지 짐작할 수 있다는 얘기였다.

이와 같은 이유로 가뜩이나 구성원 개별적으로 단절된 현대 한국의 가족·가정에서도 가장들은 가장 고립된 존재로 남게 된 것이다.

이젠 뭔가가 필요하다. 아니, 뭔가를 해야만 한다.

수십 년의 식민지 지배를 거치며 없는 살림에 곳간 바닥까지 싹싹 긁어 수탈을 당한 뒤, 독립하자마자 벌어진 3년간의 전쟁으로 그나마 없는 살림 다 까먹고 세계 최빈국이라는 나락까지 떨어졌던 대한민국. 이런 나라를, 굳이 '아시아 2번째 OECD 가입국'이니, '아시아 국가 최초의 G20 의장국'이니 하는 수식어를 갖다 붙이지 않더라도 우리 스스로 느끼고 세계인들도 솔직하게 인정해주는 신흥 강국으로 만들어오면서 우리는 많은 부분에서 성장하고 많은 것을 얻은 반면, 가장 중요한 것 몇몇을 잃어버렸다.

권위 있으면서도 가족 모두의 애정을 듬뿍 받는 가장, 조용히 안살림만 챙기는 것 같으면서도 필요한 순간에는 가정의 모든 대소사를 결정짓는 강력한 권한의 아내, 개인이 원하는 일들을 하면서도 중요한 순간에는 가정의 일원으로서 기꺼이 헌신하는 자녀, 그리고 그들이 한데 모여 만들어가는 즐거운 추억들.

우리가 시대가 변했다는 이유만으로 이런 것들을 등한시하며 가족이 가져다주는 진정한 가치에 대해 무신경했던 사이에 '존재감을 상실한 가장, 막중한 책임에 힘겨워하는 엄마, 방황하는 자녀, 왕따 등의 학교폭력에 힘겨워하는 자녀' 등의 수많은 문제들이 우리 주변에 소리 소문 없이 파고들었다. 그리고 어느덧 우리의 가족, 우리의 가정을 '해체'라는 무시무시한 단어로 협박하고 있는 지경에 이르렀다.

이젠 달라져야 한다. 우리도 앞서 예로 든, 그리고 지금 이 시간에도 우리 사회의 다양한 분야의 가장 정점에 위치하여 많은 것들을 이뤄나가고, 행복한 삶을 구가하고 있는 '성공한 가족'들처럼, 누구의 희생과 헌신에 의해서가 아닌, 개천에서 난 용 한 마리에 의해서가 아닌, 가족 구성원 모두가 서로 긍정적인 영향력을 발휘하고 자유롭게 소통하며 누구도 희생하지 않고 서로가 서로의 성공에 기여할 수 있는 그런 가족이 되어야 한다.

그를 위해 필요한 것이 위대한 가족을 만들어냈던 바로 그 공식이다. 가족 모두 직장에서, 학교에서, 대외활동에서는 각자 개인의 역량(pA)을 높이기 위해 최선을 다하되 거기에서 그치지 않고 가족과 함께하는 시간(fH)을 적극적으로 활용하여 가족 개개인 모두가, 그리고 그 개인들의 합인 가족 모두가 유·무형적인 성공을 거둘 수 있어야 한다.

불행히도 이제까지 개인의 역량(pA)을 높이는 데 필요한 다양한 정보와 학습내용은 많이 개발되고 시중에 넘쳐나고 있지만, 가족과 함께하는 시간(fH)을 어떻게, 얼마나, 어떤 방식으로 확보하고, 활용해야 하는지에 대해서는 이렇다 할 정보나 학습할 만한 자료가 없었다. 기껏해야 자녀교육을 위한 부모들의 학습서 정도가 다였다.

하지만 이제부터 우리가 추구해야 하는 '성공하는 가족을 위한 가족 시간(fH)'은 가족 구성원 누군가가 다른 구성원의 성공을 위해 일방적으로 봉사하고 헌신하는 시간을 말하는 것이 아니다. 그보다는 가족 모두가 자발적으로 서로가 서로에게 기여를 하는 시간을 말한다. 즉, 부모와 자녀 모두가 대등한 가족의 구성원으로서 활용할 수 있는 시간인 것이다.

때문에 이 책에서는 자녀교육서나 부모만을 위한 자기계발서가 아닌 가족 모두가 함께 알고 있어야 할 소중한 시간활용법에 대해 이야기하려고 한다. 그것도 결코 길지 않은 단 1시간에 대해.

하지만 이 책을 읽고 가족 모두가 그 1시간의 필요성과 중요성에 대해 얼마나 공감하느냐에 따라 그 1시간은 이 책을 읽는 가족들의 삶을 송두리째 바꿔놓을 수도 있고, 그를 통해 그동안 부러워하고 동경해오던 가족들과 동일한 반열로 여러분의 가족을 올려놓을 수도 있을 것이다.

이제 그 마법의 시간, 마법의 1시간을 이야기할까 한다.

Part 4

가족과 1시간:
새로운 세상의 시작

왜
1시간인가?

어쩔 수 없는 타협: 현실적인 선택 1시간

누군가 "왜 가족과 콕 집어서 1시간을 보내라고 하는 거냐?"
라고 묻는다면 조금은 허무하지만 이렇게 대답할 것 같다.

"그럼 2시간을 보내시든지요."

사실 성공한 가족의 함수에서 '가족과 함께 보내는 시간(fH)'
은 당연히 많으면 많을수록 좋다. 하지만 우리는 삶의 상당히
많은 시간을(어쩌면 성인이 되고 나서는 눈뜨고 있는 시간의 대부분을)
생계를 위한 활동에 투입할 수밖에 없다. 부모와 자식이 혹은
형제끼리 가업을 이어가는 몇몇 가족을 제외하면 대부분의 가
정에서는 가장 혼자 혹은 가장과 그 배우자 둘만이 생계를 담

당하게 된다. 그들을 제외한 나머지 가족들의 경우, 자녀들은 미래에 가족의 생계를 담당하기 위한 능력을 기르는 데 하루의 거의 대부분을 보내고, 노부모들은 생계를 담당하는 일에서 은퇴하여 여가를 보내고 있다. 즉 가족과 함께 많은 시간을 보내는 것이 이상적이긴 하지만, 현실적으로는 거의 불가능한 얘기라는 것이다. 게다가 가족의 1시간은 단순히 1시간이 아니다.

재미난 이야기가 있다.

몇 해 전 일이다. 구의역에서 역삼역으로 가는 지하철 2호선을 탈 일이 있었다. 지하철이 삼성역에 정차했다가 막 문을 닫고 발차할 때였다. 한 젊은 여성 둘이 계단 위에서 요란하게 뛰어 내려오는 것이 보였다. '저러다가 포기하고 다음 차를 타겠지'라고 생각하려는 찰나 그중 한 여성이 닫히는 문틈으로 핸드백을 밀어 넣는 것이었다. 이물질을 인식한 문은 다시 요란스럽게 열렸고, 잠시 후 지하철은 아직도 가쁘게 숨을 헐떡이고 있는 두 여성 승객까지 태우고 삼성역을 출발했다. 두 여성 승객중 한 명이 핸드백을 밀어 넣어 닫힌 문을 열게 한 일행을 장난기 섞인 목소리로 타박하는 소리가 들렸다.

"애, 그냥 다음 차 타면 그만인데."

그러자 자신의 핸드백을 희생하면서까지 출발하려는 열차를 멈췄다는 자부심 가득한 표정을 짓고 있던 다른 친구가 오히려 반박을 했다.

"시간이 다 돈인데, 다음 차 오려면 또 5분은 기다려야 하잖아?"

그때였다. 손잡이를 잡고 서서 책을 보던 중년 신사가 그들에게 말을 걸었다.

"이봐요, 아가씨. 그렇게 시간을 소중하게 생각하는 사람이 어찌 다른 사람의 시간은 소중한 줄을 모릅니까? 방금 전 아가씨의 5분을 아끼기 위해 출발하려던 열차가 머뭇거린 시간을 3초라고 했을 때, 이 지하철이 10칸짜리이고, 지금 이 칸을 기준으로 해서 보면, 한 칸에 50명씩은 탔을 땐데, 그렇다면 10 곱하기 50 곱하기 3초니까 1500초. 아가씨는 25분이라는 타인의 시간을 낭비하게 한 셈입니다. 자신의 5분을 아끼려고."

어쩌면 기분 나쁠 수도 있지만, 중년 신사가 최대한 예의를 갖추면서도 조용한 말투로 조목조목 문제점을 꾸짖는 나무람에 두 젊은 승객들은 아무런 대꾸를 할 수가 없었다. 다른 승객들도 그 이야기에 생각하는 바가 있는 듯 객차 안은 다음 정차역에 열차가 멈춰 설 때까지 조용했다.

가족과의 1시간도 마찬가지다. 단순히 1시간이 아니라, 가족 전체가 타고 달리는 열차로 비교하면 4인 가족은 4시간, 6인 가족은 6시간 혹은 그 이상의 시간을 할애해야 만들어질 수 있는 시간이다. 현실을 인정하자. 날마다 혹은 일주일에 서너 번 모인다고 했을 때 정기적으로 가족이 모이는 시간이 1시간 정도만 되더라도 상당히 버겁다. 한 번에 몇 시간, 며칠을 내서 뭔가 대단한 이벤트를 하고 이후 지쳐버려서 연중행사에 그치는 것보다는 '하루에 1시간만'이라는 현실적인 목표를 갖고 시작해서 여건이 될 때 점차 늘려나가는 것이 좋다.

그런데 그 '1시간'이라는 길이가 단지 현실적인 타협의 결과이기만 한 것일까?

1시간으로도 충분하다

굳이 이러한 현실적인 타협의 결과라서만이 아니라 실제로도 날마다 가족과 함께 정례적으로 가지면 좋은 시간은 1시간이면 충분하다.

어린 시절, 여름방학이 되면 아버지의 고향 마을로 내려가 거의 한 달 이상씩 큰집에서 사촌 형제들과 지내곤 했었다. 낮이면 마을에 있는 개울가로 나가 놀고, 가끔은 산에 가서 낮잠을 자고 오기도 했으며, 마을 놀이터에서 몇 시간씩 그네를 타고 놀기도 했다. 물론 친구도 몇몇 사귀었다. 서울에서 온 뜨내기라고 경계하던 마을 아이들과 처음에는 많이 다투기도 했지만, 이내 친구가 되어 한데 어울려서 몰려 다녔었다. 하지만 지금 생각해보면 당시에 내가 정확히 뭘 했는지, 함께했던 친구들의 이름이 뭐였는지, 무엇을 보았고 무엇을 느꼈는지는 잘 기억나지 않는다. 그토록 오랜 시간을 함께했음에도 불구하고. 겨울방학 때도 큰집에서 한 달 내내 지내곤 했는데, 심지어 겨울방학 때 한 일과 여름방학 때 한 일이 헷갈리기도 한다. 아버지의 고향 충북 보은 지방은 분지지형으로 여름에는 지독하게 덥고, 겨울에는 혹독하게 추웠었는데도 말이다.

그런데 비슷한 나이 무렵에 우리 학교와 자매결연을 하고 있던 단양의 한 학교로 캠핑을 갔던 적이 있다. 2박3일간 그 학교 교실에서 야영을 하며 즐거운 프로그램을 진행했었다. 첫날엔 유명한 고찰인 구인사(救仁寺) 참배를 했고, 저녁에는 특산품인 마늘이 들어간 불고기를 먹었다. 다음 날 오전에는 생태체험을 하고 낮에는 계곡에서 물놀이를 했다. 당시 자매결연 학교 아이들과 팀을 짜서 수구를 했는데, 우리 팀이 4:3으로 졌다. 저녁에는 그 학교 교장선생님이 마련해주신 캠프파이어를 학교 운동장에서 했는데, 모닥불을 붙이기 위해 쌓아놓은 장작

이 갑자기 무너져서 깜짝 놀랐던 기억이 난다. 캠프파이어가 끝난 뒤에는 교실에서 잠을 자는데 선생님들이 귀신 분장을 하고 들이닥치셔서 한바탕 난리를 쳤었다. 다음 날 오전에는 죽령의 주목군락지 등을 구경한 뒤 서울로 출발했는데, 도중에 맞춘지 얼마 안 된 안경을 잃어버려서 발을 동동 굴렀었다.

그 모든 일들이 무려 30년 가까이 지난 일임에도 불구하고 지금도 또렷하게 생각난다.

어째서일까?

여름방학과 겨울방학 때 큰집에서 보냈던 한 달여의 시간들은 물리적 길이는 길었지만, 내게는 별 의미 없는(가치가 없다는 말이 아니다) 시간이었다. 자다가 깨면 내키는 대로 나가 놀다가 방학숙제를 조금 하다가 낮잠도 조금 자고 더우면 물놀이나 조금 하는 정도로 보냈던 시간들이었다. 반면 비슷한 시기에 있었던 일임에도 불구하고 내 기억 속에 또렷이 남아 있는 자매결연 학교에서의 2박3일간의 캠프. 그 시간은 단순히 2박3일이 아니라 3일이라는 시간 안에 여러 가지 의미와 사연, 그리고 인연들이 담겨 있었기에 단순히 70여 시간이라는 시간 단위가 아닌 중요한 가치가 담긴 삶의 한 축으로 기억이 되는 것이다. 시간이라는 것은 이처럼 단순히 물리적인 단위로 재단할 수 없는 무언가가 있다.

가족과 함께 보내는 1시간도 이처럼 어떤 사연을 담고, 가족 간에 어떤 인연을 맺어나가며, 그 결과물로 무엇을 만들어내느냐에 따라 어떤 가족에게는 하루 종일 같이 있는 것 같은 따스한 감정과 묵직한 수확이 있을 수도 있고, 다른 어떤 가족에게는 뭘 하기에 부족한 자투리 시간 정도로 훌쩍 지나가 버릴 수도 있다.

그럼 15분, 30분은 어떤가?

그 시간에 스토리가 담겨 있고, 가족 구성원 모두가 동참하여 그 스토리를 함께 만들어가는 과정을 가치 있게 여긴다면 1시간만으로도 무언가를 이뤄내거나 가족의 역량(pA)치를 최대한 높이는 것 모두가 가능하다. 여기서 다시 의문이 생길 수 있다.

그렇다면 가뜩이나 바쁘게 돌아가는 세상인데, 매일 1시간씩이나 가족과 함께하는 시간을 갖기보다는 한 10분이나 15분 정도로 하면 어떨까 하는 의문이다.

결론부터 이야기하자면 불가능한 이야기는 아니다.

모 방송국의 카메라 감독으로 일하는 홍종섭(가명) 씨는 젊은 시절부터 암벽등반(Rock Climbing)에 관심이 많았다. 대학 시절에는 산악부에서 활동했고, 사회생활을 하면서도 틈틈이 국내 유명한 암벽을 찾거나 (암벽등반은 안전 문제로 철저하게 팀 단위로 해야 하기에) 팀 구성이 안 되거나 시간이 없을 경우에는 혼자 집 근처의 실내 암벽 연습장을 찾을 정도로 마니아 축에 속했다. 그러다 두 아들이 어느 정도 성장하여 중학생이 되자 그는 아이들을 데리고 본격적으로 암벽등반을 즐기기 시작했다. 준비만 잘하고 자기 능력과 분수에 맞춰서 한다면 다른 어느 스포츠보다도 안전하다는 홍 씨의 설득에 처음에 위험하다며 말리던 아내까지 어느새 동참하여 가족 모두가 암벽등반을 즐기게 되었다.

그런데 이 암벽등반이라는 것이(물론 실내 암벽 연습장도 있긴 하지만) 한 번 하려면 이것저것 준비해야 할 것들이 많아서 시간을 보통 많이 잡아먹는 것이 아니었다. 때문에 가족 모두가 최소한 서너 시간 이상을 낼 수 있는 주말밖에 가능한 시간이 없었다. 대신 홍종섭 씨 가족은 한자리에 모여 아내가 마련한 과일이나 음료를 들면서 큰아들이 인터넷 검색을 해서 출력한 최신 암벽등반 기법, 장비 등에 대한 자료를 보며 이런저런 얘기를 나누는 시간을 날마다 20분 정도씩 갖는 것을 원칙으로 하고 있다. 암벽등반에서 중요한 것이 '감을 잃지 않는 것'과 '함께하는 팀원들 간의 호흡'이기에 하루에 짧게라도 그런 시간을 갖는 것이 대단히 중요하다고 한다.

또 다른 사례도 있다. 외국계 투자자문사의 임원으로 있는 이대현(가명) 씨는 바쁘기로는 대한민국에서 둘째가라면 서러울 사람이다. 새벽에 출근하여 몇 시간 전에 마감된 외국 증시를 살펴보다 보면 우리나라 증시가 열린다. 점심식사는 특별한 외부 약속이 없으면 비서가 사다준 샌드위치로 대신한 채 계속 일한다. 오후 무렵 국내 증시가 닫히면 직원들이 정리해서 올린 분석자료와 실적자료들을 검토하고 업무지시를 한다. 저녁식사의 대부분은 국내 고객 또는 호주의 본사에서 방문한 손님들과의 약속으로 꽉 차 있었다. 도저히 하루의 일정 시간을 가족과 함께하는 시간으로 할애한다는 것이 불가능해 보였다.

이대현 씨가 택한 방법은 출근하기 직전 옷매무새를 가다듬고 구두를 신는 현관 앞에서의 미팅이었다. 신발장 옆에 30인치쯤 되는 화이트보드를 걸어놓고, 매일 아침 일어나면 스마트폰의 '매일성경(Daily Bible-Android Mobile Bible App)' 애플리케이션에서 보내온 성경구절을 적어놓았다. 그러고는 이제 막 잠에서 깨어난 세 자녀들을 그 앞으로 불러, 자신은 출근 준비를 마치고 신발을 신은 채 아내와 아이들의 손을 맞잡고 10분 남짓한 시간 동안 성경구절을 함께 읽고 기도를 드리며 '오늘 하루 무슨 일을 어떻게 누구와 할지'에 대해 간단한 이야기를 나누었다. 이야기의 첫 시작은 항상 아빠인 자신부터였다. 회사에서 부하직원들과 어떻게 할지, 저녁식사 때 만날 독일계 호주인 상사를 모시고 무슨 식당에 갈지 고민이라는 이야기를 아이들과 스스럼없이 나누었다. 그러면 아이들도 자신의 이야기를 할 뿐만 아니라, 심지어 조언을 해줄 때도 있었다.

"아빠는 다른 사람이 이야기할 때 너무 뚫어지게 쳐다보는 경향이 있어."

"맞아, 부하직원 아저씨들은 부담스러울 거야."

"아빠 웃어, 아빠는 웃을 때 제일 멋있어."

하지만 놀랍게도 그 짧은 이야기 속에 중요한 것들이 많이 담겨 있었다. 실제로 그에 대한 리더십 다면평가 시 자유롭게 기술할 수 있는 주관식 란에 직원들이 가장 많이 적는 이야기들이 대부분 그런 것들이었다. 이대현 씨는 그런 시간들을 통해 오히려 자녀들에게 많은 것을 배운다고 했다.

날마다 그렇게 짧은 미팅을 한 뒤, 못 나눈 이야기는 수시로 패드의 영상통화 기능을 활용해서 짬짬이 나눴다. 아침에는 가족 전체가 나눠야 할 주제에 대한 이야기를 할애하고, 자녀 한 명 한 명과 할 이야기는 영상통화를 통해 나눈다. 물론 이전에도 가족 간에 전화통화는 빈번했었다. 하지만 그때는 대부분 전화를 건 사람이 말하고 싶은 용건만 간단히 하고 끝내는 것이었다면, 아침에 짧게나마 가족 모두가 손을 맞잡고 함께하는 시간을 갖게 된 이후에는 자녀들도 훨씬 쉽고 편하게 자신의 이야기를 털어놓고 아빠의 견해와 지원을 바라는 것이 느껴졌다.

이처럼 활용만 잘한다면 10분, 15분, 30분만으로도 충분히 가족과 함께 유익한 시간을 갖고 충분한 효과를 볼 수 있다. 하지만 이는 시간계획과 활용에 능한 일부 가장, 일부 가족에 국한된 경우일 뿐 실제로 10분, 15분 정도는 가족 구성원들이 하나 둘씩 모이고 어영부영 준비를 하다 보면 금세 지나가 버리고 만다.

가족 모두가 어떠한 스토리를 만들어나가며 그에 몰입하고, 무언가 함께 이룬다는 느낌을 받으면서 실질적인 결과물들이 나와야 그 시간들을 보람되게 여기고 더욱더 적극적인 동참을 하게 된다. 때문에 최소한 1시간 정도는 되어야 몰입과 성취의 기쁨으로 가족 구성원들이 오래도록 그 시간을 함께하고 싶어

할 것이다.

또한 우리의 삶이라는 것이 대부분 분 단위가 아니라 시간 단위로 움직이는 삶이기에 정례화하기가 무척이나 어렵다는 문제도 있다. 아침 6시면 6시, 저녁 9시면 9시, 이렇게 딱 떨어지는 시간으로 정하는 것과 6시 15분, 9시 40분 이렇게 정하는 것에는 가족 구성원 모두가 그 시간을 지키고 삶의 중요한 이벤트로 인식하는 데에 큰 차이가 있을 수밖에 없다.

꼭 매일매일 해야 하는가?

그렇다면 마지막으로 이런 의문을 갖는 이들도 있을 듯하다.

'꼭 매일매일 가족과 함께하는 1시간을 마련해야 하는가?'

'이틀에 한 번이나 주에 3번 혹은 주 1회는 안 되는가?'

안 되는 것은 아니다. 월·수·금에만 해도 괜찮고, 여건이 안 된다면 주 1회도 괜찮다. 모든 것에 우선해서 일단은 '가족과 함께하는 정례적인 시간을 갖는 것'이 가장 중요하다.

울산공단에 위치한 S 기업의 공장장인 이경완(가명) 씨는 교사로 근무하는 부인의 근무지와 자녀들의 학교 문제 때문에 혼자만 울산에 부임해 왔다. 초기에는 매주 서울 집에 올라갔지만, 공장 증설 공사를 시작하면서 격주로 한 달에 2번 정도밖에 가족들을 만나지 못하고 있다. 때문에 그는 일요일 오전은 무조건 가족과 함께 4시간 정도의 시간을 갖는 것을 철칙으로 하고 있다.

그가 가족과 함께하는 시간 동안 주로 하는 것은 산책이다. 집 뒤편 서리풀공원에서 시작하여 방배동 뒤편을 가로지르는 나지막한 등산로를 가족과 함께 걷는 것이다. 그 시간을 통해 그는 지난 2주간 자녀들의 학교생활, 가정생활 등에 대한 이야기를 듣기도 하고, 자신이 회사 사택에서 읽었던 책들의 내용 중 인상 깊었던 내용을 정리해서 들려주었다. 그리고 서래마을 쪽으로 걸어 내려와 함께 목욕을 하며 서로 등을 밀어주는 것으로 마무리하고는 했다. 그를 통해 2주간 나누지 못한 부자간의 정을 나눌 수도 있고, 특히 아내가 일임하고 있는 자녀교육에 일정 부분 기여를 할 수도 있다고 했다. 하지만 이경완 씨는 이러한 자신의 근황을 이야기하면서 늘 덧붙이는 말이 있다.

"근데, 아무리 그래도 날마다 얼굴 마주 보고 이야기 나누는 것과 오랜만에 한 번씩 만나서 여러 시간 보내는 것에는 차이가 있더라."

당연한 이야기다. 가족이기에 하루에 한 번씩 만나건 일 년에 한 번씩 만나건 같은 감정, 같은 반가움, 같은 애틋함일 수는 있다. 하지만 단순히 가족 간의 감정만을 교류하는 시간이 아닌, 가족 모두가 자신의 역량을 펼치고 서로 시너지 효과를 발휘하려면 날마다 정기적인 시간을 함께 갖는 것이 가장 좋다.

매일매일 특정한 때에 가족 모두가 모이는 1시간을 마련해보자. 그렇게 마련한 1시간(fH)이 가족 개개인의 역량(pA)의 적극적인 발휘와 놀라운 상승효과를 가져올 것이고 그를 통해 우리는 가족 모두의 성공(fS)을 기대해볼 수 있을 것이다.

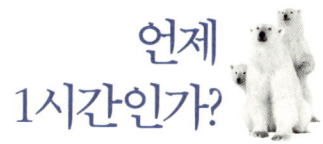

아침형 가족: 아침이 좋다

"언제 그 1시간을 마련하면 좋은가?"라는 질문에 대한 답은 조금 허무하게도 "아무 때나. 가족이 편할 때"라고밖에 할 수 없을 것 같다. 공부도 아침에 더 잘되는 사람이 있는 반면, 심야에 더 정신이 집중되면서 학습효과가 좋아지는 사람이 있는 것처럼 '가족을 위한 마법의 1시간' 또한 어떤 가족은 새벽 동트기 전이 가장 좋다고 하고, 또 어떤 가족은 저녁식사를 마치고 차분하게 모여 앉은 시간이 더 좋다고 한다. 따라서 가족들 간에 합의하여 시간을 정하는 것이 좋다. 아침형 가족들에게 적합한 '아침의 1시간'의 장점은 다음과 같다.

첫째, '아침에 1시간'은 외부 변수로부터의 자극을 받기가 가장 적은 시간이다.

과거 가족들의 저녁시간은 특정한 시간이 되면 동시에 종료되는 것이 일반적이었다. 아주 오래 전 옛날에는 해가 진 이후가 바로 그 시간이었고, 30여 년 전에는 국가가 정한 통행금지 시간이었던 자정 혹은 9시 뉴스를 하기 직전 TV에서 '이제는 어린이들은 잘 시간'이라고 알려주던 그 무렵 어간의 시간이었다. 그 시간이 되면 각 가정의 아버지들도, 학생들도 모두 집으로 돌아와 함께 있을 수 있었다.

하지만 언제부터인가 그러한 시간적 한계가 사라져버린 느낌이다. 아버지들은 때로는 자정이 넘도록 회식이다, 접대다 하여 밖을 떠돌기 일쑤이고, 자녀들도 야간 자율학습이다, 과외교습이다, 독서실이다 하여 새벽녘이 다 되어서야 집에 오는 경우가 빈번해지고 있다. 한마디로 집에서 나가는 시간은 일정한데, 들어오는 시간은 들쑥날쑥한 것이 요즘 가족들의 특성이다. 이럴 때 저녁에 마련하는 1시간보다는 '아침에 1시간'이 훨씬 더 고정적이고 정기적으로 모여서 안정적으로 활용하기 쉬운 시간이 될 것이다.

둘째, '아침에 1시간'은 하루의 시작을 함께하는 의미를 부여하기에 좋은 시간이다.

현직 고등학교 교사인 최규성(가명) 씨 가족은 무교이다. 사실 무교라고는 하지만 그는 대대로 불교를 믿던 집안에서 태어나 그런 분위기 속에서 자라왔다. 반면 부인은 지금은 교회를 다니지 않지만 외삼촌이 교회 목사님인 기독교 집안에서 성장해왔다고 한다. 두 남매는 자주는 아니지만 친구를 따라서 가끔씩 동네 성당에 다니는 모양이었다.

그러고 보니 모두가 다 특정 종교와 연관이 조금씩 있기는 하지만, 그렇다고 함께 믿는 종교가 있는 것도 아닌 묘한 분위기가 되었다. 그런데 이 집에서는 새벽 5시가 되면 모든 가족이 모여 가족 기도모임을 갖는다. 기도의 내용이나 주제는 날마다 돌아가며 맡는다. 때로는 교사인 최 씨의 가장 큰 고민인 젊은 청년들과 관련된 문제에 대한 기도, 때로는 부인의 주된 관심사인 가족들의 건강과 관련한 기도, 때로는 자녀들의 관심사인 학업성적 성취와 마음을 열어주지 않는 짝사랑하는 친구에 대한 기도 등 내용이 다양할 뿐만 아니라, 형식 또한 매우 다양하다. 어떤 특정한 종교적 특성도 띠지 않지만 가족 모두가 모여 차분히 마음을 정리하고 저마다의 생각을 얘기하고 그에 대해 충고나 조언, 응원의 메시지나 격려를 하는 시간을 갖는다. 그런데 그런 시간을 갖게 된 지 몇 년이 지난 최근의 일이다. 그런 모임에 대해 가장 귀찮게 여기고 늦잠 등의 탓으로 불성실하게 참가했던 막내 딸아이가 최 씨에게 이런 말을 했다고 한다.

"아빠가 처음 이런 모임을 하자고 했을 때 얼마나 귀찮았는지 몰라. 도대체 쓸데없이 왜 이런 걸 하는지 이해도 안 되었고. 그런데 말이야, 얼마 전 수학여행을 가서 3일 동안 가족모임을 불참했잖아. 하루 종일 뭔가 머리도 띵하고, 힘도 빠지고, 정신도 멍하더라고. 이제부터 열심히 참석할게."

이처럼 이른 아침 가족들의 격려와 응원과 함께 하루를 시작하는 가족과 자다 깨서 바로 출근하고 등교하는 가족들 사이에는 커다란 차이가 있을 수밖에 없다.

셋째, '아침에 1시간'은 아침시간의 확장에 도움이 되는 시간이다.

최근 결혼한 이정석(가명) 씨 부부는 맞벌이를 한다. 대학 선후배로 만나서 13여 년 동안 연애를 한 뒤 결혼을 한 터라 어떤 때는 결혼했다는 느낌보다는 동아리 MT를 와 있다는 생각이들 정도로 두 사람은 서로를 속속들이 잘 알고 있다고 생각했다. 하지만 실제로는 안 그랬다. 아침잠이 많은 남편 이 씨와 초

저녁잠이 많은 부인 윤 씨는 함께 지내면서도 얼굴 마주 볼 시간이 거의 없었다. 그렇게 공감대를 형성할 만한 이야깃거리가 사라져 하루 종일 얼굴을 맞대고 있는 주말에도 얘기하는 시간이 줄어들어 버렸다. 그러다 보니 다시 시작하는 평일에는 더 데면데면해지기 일쑤였다.

어느 날 우연히 이들의 이야기를 듣게 된 나는 '부부가 함께 하는 1시간'을 가져볼 것을 제안했다. 이들 부부는 체력이 약하고 저혈압 증상이 있어 잠을 충분히 자야 정상적인 사회활동이 가능한 부인을 배려하여, 남편이 아침잠을 줄여 출근 전에 그 시간을 갖기로 했다. 이들은 아침 5시 30분에 일어나 1시간쯤 함께 스페인어 회화 공부를 다시(이들은 대학 시절 서어서문학과 커플이었다) 했다. 20분 정도 동영상 강의를 함께 듣고 이후 30~40분가량 서로 단어 문제를 출제해서 퀴즈를 풀고, 회화 구문을 주거니 받거니 연습했다. 처음에는 단순히 대학 시절의 스터디 그룹 분위기가 나며 별다른 변화를 느낄 수 없었지만, 한 달이 지나고 두 달째에 접어들자 조금씩 변화가 일어났다. 간혹 회화 중간 중간 농담이 오가고 서로 출제하는 퀴즈를 풀며 장난 섞인 점수 경쟁을 하면서 웃음과 대화거리가 생겨났다. 주말에는 낮잠을 자거나 고작해야 TV 재방송을 시청하는 정도가 다였던 이들이 같은 스페인 문화권인 중남미의 문화를 접하기 위해 중남미문화원(www.latina.or.kr)을 찾았고, 개봉한 스페인 영화들을 찾아다니며 감상을 했다. 이들은 앞으로 몇 년 내에 대표적인 걷기 코스인 스페인의 산티아고 순례자의 길을 다녀오기 위해 열심히 준비하고 있다.

그런데 이들 부부가 이러한 '부부가 함께하는 1시간'을 아침에 갖게 되면서 생긴 긍정적인 변화는 이것뿐만이 아니었다. 남편의 회사는 경기도 기흥에 있었는데, 매일 집에서 10분 거리에 있는 지하철역에서 기흥의 회사까지 왕복을 하는 통근버스를 타고 출근을 하고 있었다. 그런데 아침잠이 많은 이 씨는 늘 8시에 출발하는 버스를 이용했다. 아무리 버스 전용차선이 있다고 하지만 이 시간대에는 고속도로 진입로부터 꽉 막히는 터라, 그가 사무실에 들어가는 시간은 늘 정상 출근시간에 간당간당했다. 하지만 아침에 부부가 시간을 갖게 되면서부터 그는 7시에 출발하는 차를 탈 수 있었다. 그 차이는 컸다. 그 시간대에 고속도로를 달린 버스는 그를 무척이나 빠르게 회사로 데려다주었다. 예전보다 거의 1시간 30분이나 일찍 출근을 하게 된 그의 아침은 1시간이 아니라 2시간 30분, 아니 3시간 이상 더 여유로워지는 결과를 가져다주었다.

부인 이 씨도 마찬가지였다. 저녁 9시면 잠자리에 들어 아침 일찍 일어나기는 했지만, 어영부영하다 보면 한두 시간이 훌쩍 지나가서 회사에 늘 10~20분씩 지각하기 일쑤였다. 하지만 남편과 함께 아침에 1시간 스페인어 공부를 시작하면서부터 뭔가 아침시간이 짜임새가 있어지고 체계가 잡혀나가기 시작했다. 공부를 마친 뒤 남편과 함께 출근을 하니 차도 붐비지 않고 사무실에 일찍 도착할 수 있었다. 늘 시간이 많이 남아 회사 앞 커피 전문점에서 음악을 들으며 커피 한잔을 마시고, 읽고 싶은 책을 읽거나 화장을 고치는 등 하루의 시작을 준비했다.

이들 부부의 사례에서 보듯 아침에 마련하는 1시간은 가족의 아침시간을 확장해주는 효과도 있다. 아침에 확장하는 1시간은 하루로 보면 1시간 이상의 여유를 가져다주기에 아침시간 활용을 선호하는 이들이 늘어나고 있다.

아침에 마련하는 가족과의 1시간은 약속이 많고 귀가가 늦은 식구들이 발생할 수 있는 저녁시간보다 매일 고정적으로 활용하기에 좋다. 특히 아침 일찍 할수록 자녀의 생활습관을 올바르게 조정할 수도 있고, 전체적인 시간활용 측면에서도 장점이 많다.

야행성 가족: 저녁이 좋다

현대인의 아침은 바쁘다. 따라서 현대인 가족의 아침 역시 바쁘다.

가족 구성원 저마다 갖고 있는 직업, 사회적 역할이 다르다 보니 아침의 시작 시간도 다르고, 하루를 시작하기 위해 준비해야 할 것들도 제각각이다.

아빠의 경우 메일을 확인하고 다이어리를 펼쳐 하루의 회의 계획, 거래선 방문 약속, 저녁의 회식 일정 등을 체크해야 할 것이다. 다 큰 딸의 경우 지난밤에 피드(feed)된 페이스북(Facebook) 친구들의 글들을 확인하고 화장을 하며 오늘 입을 옷을 골라야 한다. 그 밑의 고등학생 아들은 어제 해야 하는데 까먹고 그냥 자버린 터라 오늘 검사받을 수학 문제 5개를 재빨리 풀어야 한다. 그리고 엄마는 그들 모두에게 '늑장 부리다가는 다들 지각한다'는 알람을 주기적으로 외치면서 그냥 가려는 자녀들에게 밥 한술이라도 더 떠먹여 보내기 위해 밀고 당기기를 계속해야 할 것이다.

따라서 이들 가족에게 '가족과 함께하는 1시간을 아침에 가지라'는 것은 말하기는 쉽지만 실천하기는 조금, 아니 많이 어려운 일이 아닐 수 없다. 때문에 현실적인 이유로 가족과 함께하는 1시간을 저녁에 가지려는 이들의 숫자도 만만치 않다. 그들이 이야기하는 저녁 1시간의 좋은 점은 다음과 같다.

첫째, '저녁에 1시간'은 필요할 경우 확장과 연장이 가능한 시간이다.

저녁에 함께하는 1시간은 참가 인원의 확장, 실시 시간의 연장, 다루는 주제 또는 과제의 확대 등 확장성이 풍부한 시간이다. 가족과 함께 시간을 갖다 보면 그 참가 대상, 시간, 내용 등에 대한 확장이 필요할 때가 있다. 예를 들어 자녀들의 친구를 참여시키면 보다 유익한 시간을 가질 수 있을 때가 있다. 아니면 가족이 함께 무언가 배우려고 했을 때 그 분야에 대한 강사나 그에 대해 일가견이 있는 사람들을 초빙할 수도 있다. 그럴 때 아침 일찍보다는 저녁나절이 훨씬 더 유리하다.

시간의 연장 또한 마찬가지다. 가족이 함께하다 보면 무언가 즐겁고 유익한 것들이 발견되어 '그를 보다 오래 했으면 좋았을걸' 하는 아쉬움이 남는 경우가 있다. 가족과 함께하는 시간을 저녁에 주로 갖는 이들의 상당수가 원래는 아침에 시간을 가졌다가 이러한 아쉬움을 느끼고 저녁시간으로 옮긴 경우가 상당수이다.

둘째, '저녁에 1시간'은 불규칙한 가족들의 생활패턴을 단속하는 효과가 있는 시간이다.

모 대그룹의 FM(Facility Management) 관련 업체에서 근무하는 김경민(가명) 부장은 자신의 사업부에서 관리하는 건물을 방문할 때마다 깜짝깜짝 놀라고는 했다. 상업지구에 들어선 건물들이라 입주자가 가장 많은 시간대의 건물관리 실태를 확인하기 위해 저녁 11~12시에 건물을 방문해보면 건물에 입주한 주점이나 PC방마다 20대 초반의 젊은이들로 가득했다. 개중엔 술에 취해 몸조차 못 가누는 친구들도 많았고, 아직 고등학생 나이 정도로밖에 보이지 않는 어린 친구들도 수두룩했다.

물론 '젊은 나이에, 넘치는 열정에 그럴 수도 있겠지' 하며 이해는 하지만, 12시가 넘은 시간까지 술에 취해 흥청망청하는 젊음들을 보는 것은 마음이 영 편하지 않았다. 김 부장은 이후 매일 가족과 함께 가족미사를 드리던 시간을 아침 6시에서 저녁 10시로 옮겼다. 올해 대학을 들어간 큰딸과 그 시간 무렵이면 학원을 마치고 독서실로 향했던 작은딸 모두 '새로운 통금시간'이라며 아빠를 원망했지만, 그는 지속적으로 딸들을 설득했고, 꼭 필요한 경우(예를 들어 큰딸의 경우 친한 친구의 생일파티나 과에서의

공식행사 등)에는 예외를 인정해주기로 했다. 대신 김 부장도 예전
에는 2차, 3차까지 마다 않고 두주불사하던 스타일을 바꾸어 꼭
필요한 공식적인 접대 등을 제외한 모든 술자리는 식사를 포함
한 1차에서 종료하는 것을 철칙으로 삼고, 저녁 9시가 넘으면 반
드시 귀가하는 것을 습관화했다.

그렇게 마련한 가족과의 시간을 여러 가지 가치 있는 활동으
로 활용하기 위해 노력했다. 그중에서도 그가 가장 중점적으로
관심을 가진 것은, 자녀들이 그 시간을 과거 친구들과 밖에서
보냈던 밤시간에 비해 지루하다고 생각하거나, 귀찮다고 여기
지 않게끔 다양한 프로그램을 마련해서 '가족끼리 함께 보내도
즐겁고 유쾌한 시간을 가질 수 있구나'라는 생각을 심어주는
것이었다.

따라서 매일 10시부터 가족미사를 드리되, 일주일에 한 번
씩은 가족 모두가 즐길 수 있는 무료 또는 저렴한 가격의 공연
을 관람하거나, 각자가 요리를 만들어서 경연대회를 펼치고 우
승자에게는 친구와 함께 영화를 볼 수 있는 티켓 등을 주는 이
벤트도 마련했다. 이후 김 부장 가족의 통금시간은 자발적이고
자연스럽게 저녁 10시로 정해졌다.

가족과 함께하는 1시간을 저녁에 갖는 것은 귀가 후 씻고 편

안한 분위기 속에서 즐길 수 있다는 장점 외에 이처럼 귀가가 늦기 쉬운 아빠와 자칫 저녁시간대에 방종할 우려가 있는 자녀의 늦은 귀가를 막아주고 삶을 경계해주는 효과까지 거둘 수 있다.

셋째, '저녁에 1시간'은 분위기 잡기가 보다 수월한 시간이다.

많은 사람이 공감하는 이야기인데, 아침의 1시간이 저녁의 1시간보다 왠지 빠르게 지나가는 것 같다고 한다. 게다가 TV에 나오는 침대 광고에서야 아침에 눈을 뜨자마자 깃털처럼 날아갈 듯 개운하지만, 실제로 일반인 열에 아홉은 잠자리에서 일어나려면 최소한 5분에서 30분은 걸릴 정도로 아침에 잠에서 깨눈을 뜨고 움직인다는 것이 짜증나고 불쾌한 경우가 대부분이다. 반면 저녁시간은 하루 종일 업무, 가사, 학업 등에 시달려서 피곤할 수도 있지만 하루 일과를 마쳤다는 안도감과 자유로움에 긴장감 없이 온전하게 몰입할 수 있는 시간이 될 수 있다.

또한 동이 터오는 아침시간이 힘찬 에너지, 역동성, 활기참을 부여하는 시간대라면 해가 지고 어둠이 내려앉은 저녁시간은 보다 감성적이면서도 이성적이며, 차분한 가운데 가슴속에서부터 우러나오는 속 깊은 이야기들을 하기에 알맞다는 장점이 있다.

맞벌이를 하는 최필규(가명), 송경란(가명) 씨 부부는 아침시간이 무척이나 바쁘다. 고3인 큰아들의 경우 어릴 때부터 속이 깊기도 했고 이제 자신이 다 컸다는 생각에 알아서 준비하고 오히려 부모님의 출근을 도울 때도 있다. 하지만 중2인 막내아들은 어려서 육아를 맡았던 외할머니가 '오냐, 오냐' 하고 마냥 귀여워하며 키워서 그런지 평범한 그 또래가 다 그런건지 버릇도 없고 덤벙대느라 챙겨야 할 것도 늘 빼먹기 일쑤였다. 게다가 사춘기를 겪느라 엄마인 송 씨의 말에 사사건건 토를 달고 수시로 말썽을 피웠다. 그러다 보니 이들 가족의 아침은 늘 전쟁이었다. 특히 송 씨와 막내아들은 집을 나서려면 한바탕 설전을 벌인 후에야 비로소 제 갈 길을 갈 수 있었다.

최필규 씨는 모 교육업체에서 수강한 '행복한 가정과 가장의 역할'에 대한 교육의 내용을 바탕으로, 아침에 잠시라도 온 가족이 한자리에 모여 하루를 계획하고 서로를 격려하는 시간을 갖기로 했다. 하지만 그 결정은 얼마 안 가 악몽의 시작이 되었다. 온 가족이 출근 및 등교 준비를 마치고 한자리에 모이기는 했지만, 이미 막히기 시작하는 출근길이 걱정인 아빠와 아침 자율학습에 늦을까봐 조바심이 난 큰아들의 머릿속 생각은 이미 집 밖으로 나가 있고, 송 씨와 막내아들은 사소한 것을 가지고도 끊임없이 말다툼을 벌이게 되었다. 그렇게 한바탕 소란을 겪고 집을 나서다 보니 차라리 자기 준비만 마치고 나설 때보다 더 못한 경우도 많았다.

그 해결 방법을 고민하던 최필규 씨는 (당연한 이야기지만) '시간대가 사람의 감정에 많은 영향을 미친다는 것'을 깨달았다. 독재자 히틀러가 군중들을 대상으로 연설을 할 때 사람들의 감정이 고조되고 이성적인 판단력이 흐려지는 해 질 녘, 석양을 등지고 주로 했다는 글을 읽고는 자신도 그 방법을 가족들에게 활용해봐야겠다고 생각했다. 그 후 최필규 씨 가족은 아침이 아닌 저녁시간을 활용해서 하루를 조용히 되돌아보고 가족 모두가 상을 펴고 앉아 일기장이나 가계부를 정리하는 시간을 가졌다. 그런데 놀라운 것은 최필규 씨 자신이나 큰아들의 경우 출근과 등교를 해야 한다는 조바심이 없어져 그렇다고 하지만, 아내 송 씨와 막내아들도 아침보다 설전을 벌이거나 자기 고집만 부리느라 상대방에게 생채기를 내는 일이 눈에 띄게 줄었다. 대신 보다 차분하고 진지하게 많은 이야기를 나눌 수 있었다.

이외에도 퇴근 후, 하교 후 남는 시간 동안 각자의 방에서 따로따로 시간을 보내던 가족이 자연스럽게 한자리에 모이고 시간의 길이도 늘어난다는 장점이 있다.

자율방임형 가족: 아무 때나 괜찮다

가족과 함께하는 1시간을 아침에 가질 것인가, 아니면 저녁에 가질 것인가를 고민하는 가족들이 대부분일 것이다. 하지만 가족과 함께 일정한 시간(주로 1시간)을 가질 수만 있다면 '그것을 어느 때에 하는지는 그다지 중요하지 않다'고 생각하고 실천하는 가족들도 상당히 많다.

그들이 그렇게 하는 이유는 요즘 같이 바쁜 세상에 날마다 특정한 시간대에 1시간씩 무조건 모이라고 강요하다가는 자칫 그러한 모임이 초기에 반짝했다가 흐지부지하고 말게 될 우려가 있다는 것이다. 갑작스럽게 생기는 회사 미팅, 학교 수업 일정 등의 변화, 개인 약속 등으로 한두 명씩 그 시간을 도저히 지킬 수 없는 가족들이 생기기 시작하면 점차 참석하는 다른 사람들의 의욕조차 꺾어버릴 수 있다. 때문에 이러한 것이 고민되는 가족들은 차라리 무조건 1일 1시간 이상 함께하는 시간을 갖는 것을 원칙으로 하고, 매일 또는 매주 약속을 통해 시간을 확보하는 것이 좋다. 이러한 가족들에게 적합한 '자유롭게 마련한 1시간'의 장점은 다음과 같다.

첫째, '자유롭게 마련한 1시간'은 가족생활에 제약을 주지 않아 융통성 있는 운용이 가능하다.

앞서도 이야기했지만 현대인은 바쁘다. 현대 가족 또한 바쁘다. 이런 바쁜 구성원들이 날마다 특정한 시간대에 1시간씩 정해놓고 만난다는 것은 일상생활에 큰 부담으로 작용할 수 있다.

대형 극장 체인의 점장으로 근무하는 조영훈(가명) 씨는 1년 365일, 조조부터 시작해 심야까지 상영을 계속하는 극장을 책임져야 하는 직업 특성상 날마다 정해진 일과 시간이 있는 것도 아니고, 토·일·공휴일을 꼬박꼬박 지켜서 쉴 수 있는 여건이 안 된다. 부점장을 맡고 있는 매니저와 협의하여 번갈아가며 둘 중 한 명은 반드시 극장을 지켜야 했다. 그래서 어떤 날은 새벽에 출근했다가 오후에 퇴근하기도 하고, 또 어떤 날은 오후에 출근했다가 새벽 동틀 무렵에 퇴근해야만 했다. 그러다 보니 가족과 함께 시간을 가져야 한다는 점에 대해서는 공감했지만, 도무지 어느 특정한 시간대에 시간을 마련할 수가 없었다.

때문에 조 씨가 선택한 방법은 하루 30분에서 1시간씩 가족과 함께 시간을 갖되 그 시간은 일주일에 한 번씩 시간표를 작성해서 날마다 적절하게 바꿔가는 것으로 했다. 자신의 일주일 치 근무 시간표가 나오자마자 그를 출력하여 집 냉장고에 붙여 놓으면 아내가 자신의 개인적인 약속과 초등학생인 아들의 학교와 학원 수업 스케줄을 고려하여 날마다 가족끼리 모임을 가질 시간을 그 시간표에 표시해놓는 식이었다. 어떤 날은 아들이 학교에서 돌아와 학원에 가기 전 시간에 출근 준비를 마친 아빠가 시간을 맞췄고, 아빠가 오후 늦게 퇴근한 날에는 학원 갔다 온 아들이 시간을 맞췄다. 그러다 보니 가족이 모이는 시간은 날마다 들쭉날쭉했지만, 가족 모두가 개인적인 스케줄을 최대한 활용하면서도 가족과 함께하는 시간을 가질 수 있었다.

둘째, '자유롭게 마련한 1시간'은 외부의 다양한 활동에 동참할 수 있는 시간이다.

가족과 함께하는 1시간에 어떤 활동을 하느냐에 따라 집 안에서만 할 수도 있고, 가족에 따라서는 외부의 공연이나 전시를 함께 즐기고 무언가를 배우거나 익히는 것에 가족과의 시간을 보낼 수도 있다. 이때 아침이나 저녁의 어느 특정한 시간대를 정해두고 그 시간에만 가족들이 함께 시간을 보내는 것보다는 해보고 싶거나 참석하고 싶은 외부 활동이나 이벤트의 시간대에 맞춰 적절하게 융통성을 갖고 시간을 정해서 가족들이 합의하여 시간을 마련하는 것도 좋다.

분당에 거주하는 대학교수인 이승룡(가명)씨 가족의 경우, 짧게는 한 달에서 길게는 반년 단위로 가족이 함께 인근 백화점의 문화센터나 아트센터에 개설된 아카데미 과정에 등록해서 무언가를 배우고 가끔씩은 가족이 함께 공연을 예약하고 관람한 뒤 그 감상평을 나누는 시간을 갖고는 했다. 때문에 이들의 가족모임 시간은 문화센터나 아트센터의 수업시간에 맞춰져야 했다. 이들 가족도 처음에는 하루 중 특정한 시간을 정해서 티타임을 갖거나 독학으로 무언가를 배워보려 했지만, 그보다는 정규 강좌나 수업을 함께 듣는 것이 훨씬 더 재미도 있고 지속력에 도움이 된다는 것을 깨닫고는 지금과 같이 외부의 활동에 맞춰 가족이 함께 보내는 시간을 정하는 것으로 하고 있다.

셋째, '자유롭게 마련한 1시간'은 외부 구성원과의 연계, 확장이 가능한 시간이다.

물론 저녁시간도 아침보다 확장성이 높다고는 하지만, 특정하게 정해진 시간에 정례적으로 실시하는 가족모임에는 다른 외부의 구성원을 맞춰서 참석시키는 것이 현실적으로 어렵다. 반면 일단 가족이 매일 혹은 일주일에 며칠 특별한 시간대에 함께하는 것을 원칙으로 해두되 그 시간과 날짜를 언제로 정할 것인지를 가족이 함께하고 싶은 외부 구성원이 생길 때 그들의 일정에 맞춰서 확정한다면 가족과 함께 보내는 시간을 더욱더 풍성하게 해줄 수 있는 다양한 멤버들을 모임에 동참시킬 수 있게 된다.

결국 함께하는 것이 가장 중요하다

이외에도 하루에 1시간 정도씩 가족이 함께하는 시간을 갖는 것은 원칙으로 하되, 요일마다 상황에 맞춰 그 시간대를 다르게 가져가는 방법도 있다. 예를 들어 모두가 할 일도 많고 마음도 바쁜 월요일에는 저녁에 시간을 갖고, 화·수·목은 아침에 가지며 주5일의 일과를 마치고 주말을 맞이하게 되는 금요일에는 정리의 의미로 다시 저녁에 시간을 갖는 변동형 시간배정도 있다.

또, 이와 비슷하게 주중 평일은 저녁시간에 가족 간 만남을 갖고, 토요일과 일요일에는 조금 늦은 아침에 브런치(brunch)를 함께 하는 형태의 주중·주말 분리형 시간배정도 있다. 어떤 가족의 경우 매일 아침에 20여 분 정도의 짧은 기도모임을 갖고 대신 월 1회 정도 함께 기도원에 들어가서 주말 내내 기도원 생활을 하는 일과·행사 혼합형 모델로 시간배정을 하는 경우도 있다.

하지만 시간을 언제 얼마만큼 갖느냐보다 중요한 것은 일단 가족이 함께하는 시간을 갖는다는 것, 그리고 그 시간에 일정한 활동이 일어나고 가족 구성원들이 뚜렷한 성과를 맛볼 수 있어야 한다는 것이다. 그러기 위해 그 시간이 지나치게 짧아서도 안 되고, 너무 길어 가족이 지치거나 생계 또는 학업에 지장이 있어서도 안 된다.

그리고 그보다 더 중요한 원칙은 '일단, 가족이 한마음으로 함께하는 것이 가장 중요하다'는 것이다. 언제, 어디서, 얼마만큼, 어떻게 할지는 그 다음 문제이다.

어떻게
1시간인가?

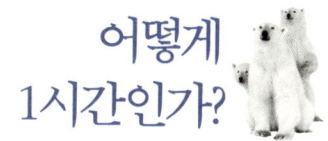

1시간을 어떻게 만들어낼 것인가?

그렇다면 어떻게 '가족과 함께하는 1시간'을 마련할 수 있을까?

사실 정례적으로 가족 간에 함께할 수 있는 시간을 1시간 가까이 마련한다는 것은 거의 불가능에 가까울 만큼 어려운 일이다. 앞선 사례의 가족들처럼 요즘의 자녀들은 학교와 학원, 독서실 등을 오가며 부모들보다 더 빡빡한 일상을 보내고 있고, 부모 또한 기존 세대들보다 더 많은 근로시간과 사회적 스트레스를 강요받고 있다. 이러한 현실에서 아침 일찍이건, 저녁 늦게이건, 아니면 하루 중 아무 시간대이건 가족 모두가 공통으로 보낼 수 있는 1시간을 매일 만들어낸다는 것은 무척이나 어려운 일이다. 더군다나 부모 모두가 직업을 가지고 있는 맞벌이 부부일 경우에는 더더욱 그러하다.

따라서 가족 모두가 개인의 사생활과 사회에서의 역할 등을 침해받지 않으면서 만족스러운 시간을 보낼 수 있는 1시간을 마련하기 위해서는 고도의 전략과 높은 수준의 실천력이 필요하다. 그리고 그것을 무작정 실천하기보다는 일정한 단계를 거쳐 치밀하고도 세심하게 진행해야 실패하는 일이 적다.

그러면 지금부터 가족과 함께하는 1시간을 만들어내기 위한 단계별 전략과 실행방안에 대해 알아보자.

1단계: 필요성 공유와 합의

가족과 함께하는 1시간을 만들어내기 위한 첫 번째 단계는 그 '1시간'에 대한 필요성을 공유하고 가족 구성원들의 합의를 이끌어내는 단계이다.

"아니, 가장이(혹은 부모가) 하자 그러면 하는 것이지, 무슨 공유니 합의니 하는 것들이 필요하단 말이지?"라고 묻는 이들이 있다면 사정을 몰라도 너무나 모르는 순진한 사람이라고 할 수밖에 없다.

D 건설사에서 해외수주를 위한 전략부서에서 근무하는 최종현(가명) 부장은 회사에서 복리후생 차원에서 마련한 '행복한 가장, 행복한 가정'이라는 교육프로그램을 수강했다. 그 강의를 들으면서 가정에서의 자신의 역할이 얼마나 중요한지와 그 역할을 위해 해야 할 것들에 대해 생각해보게 되었다. 그리고 내린 결론은 자신이 자녀들(1남 2녀)과 너무 소원하게 지내왔으며 지금이라도 아버지로서 역할을 제대로 해야겠다는 것이었다. 그를 위해 의무적으로 하루에 한 번씩 가족 모두가 모이는 시간을 갖기로 했다. 그의 그런 제안에 안 그래도 육아와 관련한 책임을 전적으로 지고 있던 아내는 쌍수를 들어 환영했다. 하지만 모임 첫날부터 삐걱거리기 시작했다. 첫 모임 날인 토요일 저녁, 매주 토요일에 친구들과 스터디 모임이 있다는 대학생 큰딸이 불평을 털어놓기 시작하면서부터이다. 언니 오빠들과 나이 차가 제법 나는 막내딸은 대놓고 불평을 하지는 않았지만, 뭔가 어색하기는 마찬가지인 듯했다. 결국 첫 모임은 어색한 가운데 다들 힘겹게 대화를 이어나가다가 채 1시간도 안 돼 끝나버리고 말았다.

　다음 날 최 부장은 그런 문제점들을 털어놓으며 어떻게 하면 좋겠는지를 물어왔다.

　그런 그에게 제시한 세 가지 사전 조치는 다음과 같았다.

첫째, 가족 구성원이 서로의 처지에 대해 깊이 있는 이해를 할 수 있는 시간이 필요하다.

개인적으로 해야 할 일이나 새로운 일을 하려는 계획, 회사나 학교에서의 중요한 업무나 과제 등이 있는데, 그를 무시한 채 일방적으로 특정한 1시간을 가족과 함께하기 위해 할애하라는 것은 '의도적인 선의'임에도 불구하고 가족들의 불만과 저항에 부딪칠 수 있다. 때문에 사전에 서로의 생활패턴과 업무 혹은 학업량, 그리고 개인적인 계획 등에 대해 충분히 공유하고 공감할 수 있는 시간이 필요하다. 따라서 먼저 '가족과 함께하는 1시간'이라는 거창한 타이틀을 내걸고 "일단 모여봐!"라고 하기보다는 자연스럽고 편안한 분위기에서 차를 한잔 마신다거나 식사를 하면서 충분히 이야기를 나누고 그로부터 자연스럽게 가족이 함께 만들어가는 1시간에 대한 필요성을 인식하게끔 하는 게 좋다.

둘째, 서로의 니즈에 대한 진솔한 대화의 시간이 필요하다.

가족과 함께하는 시간에 대한 가족 구성원 각각의 느낌과 니즈는 사뭇 다르다. 그를 무시한 채 단순히 가장이 생각하고 바라는 대로 이끌어가려다 보면, 구성원들은 오히려 부담스럽게 받아들일 수 있다. 가족이 함께하는 1시간을 갖는다면 그 시간 동안 하고 싶은 건 무엇이고, 그 시간이 어떤 분위기로 진행되었으면 하며, 그 시간에 추가적으로 바라는 것은 또 무엇인지에 대해 사전에 충분한 이야기를 나누는 것이 좋다. 일단 시작한 다음에는 그런 니즈에 대해 이야기할 기회를 갖는 것이 쉽지 않다.

셋째, 아래로부터의 니즈가 일어날 수 있도록 하는 것이 좋다.

대부분의 가정에서 가족이 뭔가 함께하는 시간을 갖게 되는 계기는 가장, 특히 남편 혹은 아빠가 뭔가 결심을 한 경우가 많다. 하지만 그러한 경우 앞서 언급했던 한국 가정에서 '아버지'라는 역할의 특수성 탓에 그가 원하는 것이 곧 가족의 결정사항으로 인식되거나 완고한 명령, 지시로 받아들여지게 된다. 따라서 가족 모두의 보다 활발한 논의와 적극적인 참여를 가능하게 하려면 가족 구성원에서 주니어 계층을 차지하는 자녀들로부터 '가족과 함께하는 시간'을 갖고 싶다는 의견들이 나오도록 유도하는 것이 좋다. 그런 분위기를 만드는 것은 가정에서 엄마, 아내의 역할이 매우 중요하다.

이러한 조언을 받은 최 부장은 첫날의 실패를 교훈 삼아, 그 다음 주 일요일 가족들과 함께 집 앞 커피숍에서 브런치를 들면서 가족들, 특히 자녀들과 진솔한 이야기를 나누었다. 큰딸은 최근 자신이 팀장을 맡고 있는 공모전 때문에 정신이 하나도 없다고 했다. 아들은 별 말은 안 했지만, 무뚝뚝한 아버지와 엄마를 포함한 세 명의 여자들과 함께하는 시간이 별로 재미없을 거라고 이미 단정을 지은 듯했다. 자녀들의 이야기를 충분히 들은 최 부장은 자녀들에게 현재의 처지와 바쁜 일상들을 이해하긴 하지만, 자신이 생각하는 현재 가족의 문제점과 그를 위해 가족이 모두 함께하는 시간이 필요하겠다는 생각을 이야기했다. 그리고 가족이 함께 시간을 갖되 그 일정은 각자의 여건에 맞춰 조율해보자는 쪽으로 일단 결론을 냈다.

2단계: 가족 상호 시간 분석

'가족과 함께하는 1시간'에 대한 필요성 공유와 합의가 이루어졌으면 그 다음 해야 할 일은 보다 세부적이고 실천적인 단계이다. 앞서 최종현 부장 가족이 가족과 함께하는 1시간을 마련하는 데 실패했던 원인은 그 '1시간을 마련하는 것'에 대한 가족 간 합의와 필요성 공유가 이루어지지 못한 데 있었다. 그런데 보다 세부적으로 살펴보면 또 하나의 가장 큰 패인은 가족 구성원의 시간에 대한 철저한 분석이 이루어지지 못한 것이었다.

왜 하루 24시간이라는 시간 중 고작 1시간을 만들어내는 데에도 가족 구성원의 시간에 대한 분석이 필요한 것일까?

가족은 '가족'이라는 하나의 단어로 묶여 있지만, 그 면면을 뜯어보면 성별, 연령, 직업, 주된 사회활동 형태, 공유하는 문화권 등등 무엇 하나도 같은 점이 없는 완벽하게 고립된 개인들의 집합이기 때문이다.

최종현 부장 가족의 경우만 보더라도 아버지 최종현 부장과 큰딸 최은혜(가명) 학생은 남(男)과 여(女)라는 성별 차이, 40대 후반과 20대 초반이라는 나이 차이, 서울특별시 종로구 새문안 길과 서대문구 대현동이라는 주된 생활문화권의 차이 등 비슷한 점이 하나도 없었다. 최 부장의 일과는 새벽 6시 20분에 시작하여 저녁 7시 무렵에 끝나며, 개인적인 약속은 대부분 평일 저녁 6시부터 12시 사이에 몰려 있었다. 반면 딸 은혜 씨의 일과는 오전 9시에 시작되어 오후 4시 무렵에 끝나며, 개인적인 약속은 대부분 주말에 몰려 있었다. 아버지 최 부장은 '평일은 사회생활을 하는 시간이고 주말은 가족과 함께하는 날'이라는 생각이었지만, 은혜 씨는 '평일은 가족과 함께하는 시간이고 주말은 친구와 함께하는 날'이라는 생각이었다.

이들은 가족과 함께하는 1시간을 위한 필요성 공유와 공감대 형성에서부터 실패했는데, 그 바탕에는 서로가 생활하는 시간대와 생활권 및 문화권에 대한 이해가 부족했음을 알 수 있다. 이와 같은 이유 때문에 가족과 함께하는 1시간을 마련하기 위한 중요한 단계가 바로 '가족 상호 시간 분석'의 단계이다. 분석이라고는 하지만 방법 자체는 간단하다.

첫째, 일단 가족이 모두 한자리에 모이는 것이 중요하다.

말 그대로 가족 상호 간에 서로의 시간을 분석하는 작업이므로 가장 한 사람이 주도한다거나, 각자가 개별적으로 분석하고 작성하는 것은 의미가 없다. 반드시 가족 모두가 한자리에 모여 분석작업을 진행해야 한다. 최 부장 가족의 경우 일요일 브런치를 들며 가족이 모두 함께하는 1시간을 갖는 것의 중요성에 대한 인식을 나눈 뒤 그 다음 주 중 가족들 모두 약속이 없는 화요일 저녁시간을 택해 자리를 마련했다.

둘째, 백지를 펼쳐놓고 최근 몇 주간 자신이 한 일과 그 일을 위해 할애한 시간을 빠짐없이 적어본다.

이 단계에서 중요한 것은 적어도 2주 이상 했던 일에 대해 정리해야 한다(더 길면 더욱 좋다). 이유는 각자의 삶을 정리하면서 삶의 패턴을 알아보는 과정이므로 가급적이면 장기간에 걸쳐 살펴보는 것이 보다 보편적이고 정확한 패턴을 살펴볼 수 있다. 또 하나

중요한 것은 작성하는 시간 단위가 가족 모두 동일해야 한다는 것이다. 누구는 30분 단위로 적고, 누구는 1시간 단위로 적고, 또 다른 누구는 오전·오후로 나눠 적는다면 그와 같은 작성은 다시 몇 번의 재작업을 필요로 하게 한다. 때문에 1시간 단위 정도로 나눠서 공통되게 적어보는 것이 좋다.

셋째, 가족 모두가 작성한 수행한 일과 시간들의 목록을 공통된 5개 정도의 키워드로 구분하여 그룹핑(Grouping)을 한다.

최 부장 가족이 작성한 내용을 바탕으로 살펴보자.

2011년 9월 초에 8월 한 달을 기준으로 자신들의 4주 동안의 삶을 정리한 최 부장 가족들은 그 시간들을 그룹 지을 수 있는 5개의 키워드를 도출해냈다.

키워드는 '기본생활, 기본업무(학업), 여가, 자기계발, 기타'이다.

이렇게 공통된 키워드를 도출해내는 작업에서 중요한 것이 각각의 키워드가 서로 중첩되지 않으면서도 가족 모두의 포괄적인 삶을 담아낼 수 있도록 미시(MECE: Mutually Exclusive and Collectively Exhaustive)[*] 원칙을 철저하게 지켜줘야 한다는 것이다. 최초 이들 가족은 지나치게 키워드를 세분화하거나 두루

....

[*] 상호 배타적이면서도 모였을 때는 완전한 전체를 이룰 수 있는 것을 말하는 용어로, 주로 기업에서 요인분석, 아이디어 도출 등을 할 때 활용한다.

뭉술하게 한 바람에 10개가 넘는 키워드로 정리가 되거나, 자녀들은 정리가 되었지만 두 부부는 어느 키워드에도 포함이 안 되는 시간들이 발생하는 등 몇 차례 시행착오를 겪었다. 하지만 여러 번의 재작업 끝에 이들 가족은 한 달 동안의 삶의 패턴을 5개의 키워드로 정리할 수 있었다.

5개의 키워드로 정리한 이들 가족의 일주일간 시간 활용 내용은 다음과 같았다.

(168hours = 24h/day × 7days)

	최종현 (아빠)	송미현 (엄마)	최은혜 (첫째)	최지훈 (둘째)	최은지 (막내)
기본생활 식사, 수면 등 생활을 위한 일반적인 활동	86	80	79	84	94
기본업무/학업 회사생활, 학교수업, 가사 등	50	60	58	67	32
여가 휴식, TV시청, 친구와 술자리/식사 등	16	12	16	14	24
자기계발 운동, 독서, 취미활동 등	10	6	8	2	3
기타 위에 포함되지 않는 모든 활동	6	10	7	1	15
총계	168	168	168	168	168

넷째, 가족이 함께 시간표를 보면서 필요한 시간과 불필요한 시간들을 구분하며 공통적으로 확보할 수 있는 시간을 만들어 낸다.

최 부장 가족은 함께 시간표를 보며 한 명씩 지나치게 많이 할애하거나 불필요하게 사용했던 시간들을 찾아내서 조정하는 작업을 했다. 가족과 함께하는 시간을 확보하기 위해 시작한 일인데, 이 과정을 통해 생각하지 못한 채 낭비했던 시간들을 찾아내는 기대 밖의 수확도 거둘 수 있었다.

우선 기본생활과 관련된 시간은 건드리지 않기로 했다. 먹고 자는 데 필요한 시간을 건드리는 것은 삶의 패턴을 흩트려놓아서 밸런스가 무너질 우려가 있기 때문이었다. 각자의 수면시간, 식사시간 등은 최대한 그대로 두는 범위에서 나머지 시간들에 대한 조정에 들어갔다.

최 부장의 경우 여가시간에 지나치게 많은 시간을 할애하는 반면 자기계발에 투입하는 시간이 적었고, 세 자녀, 특히 대학생인 큰딸과 고등학생인 둘째 아들의 경우 안타깝게도 기본업무(학업)에 투입되는 시간이 많다 보니 인생의 다양성과 윤택함을 제공해주는 자기계발 분야에 할애할 수 있는 시간이 상대적으로 적었다. 최 부장의 여가시간이야 조절하기 쉬웠지만, 진학과 입시를 치러야 할 자녀들이 학업에 투자하는 시간을 줄이기는 어려웠으므로 최 부장과 부인 미현 씨가 시간을 효율적으로 사용하도록 재배치하고 여가시간으로 활용하는 시간을 줄여 시간표상 여백을 만들어냈다. 그리고 자녀들의 시간을 재배치하여 여가 및 기타 시간 중 일부를 여백으로 만든 뒤 그 여백들을 하루 중의 특정한 시간대에 맞춰서 하루에 1시간씩 가족들이 한자리에 모일 수 있는 시간을 만들어냈다.

이들 가족이 만들어낸 시간은 매일 아침 6시 10분부터 7시 정각까지 50분이었다.

3단계: 즐거움에 대한 탐색

가족과 함께하는 시간에 대한 필요성을 공유하고 기술적인 노력에 의해 함께 활용할 수 있는 1시간을 만들어냈다면 재빨리 취해야 할 다음 단계가 그 '1시간에 할 것'들을 찾아내는 일이다.

종교를 갖고 있는 가족들은 가족기도, 가족미사 또는 가족법회 등 구체적으로 정해진 것들이 있겠지만, 대부분의 가족들의 경우 그토록 소중한 1시간을 어렵게 만들어냈으면서도 정작 무엇을 해야 할지를 찾지 못해 그 시간들을 허비하다가 결국 가족모임 자체가 흐지부지되고 말기도 한다. 때문에 1, 2단계 작업이 이루어짐과 거의 동시에 이뤄져야 하는 작업이 바로 이 3단계 '가족과 함께 할 수 있는 즐거움에 대한 탐색' 과정이다.

그럼 어떻게 탐색을 하면 좋을까?

첫째, 탐색의 과정 자체를 이벤트로 만들어라.

가족과 함께하는 1시간 동안 무엇을 하면 좋을 것인가를 찾아내는 과정과 시간을 가족과 즐기는 이벤트로 만들면 좋다. 가령, 그 1시간을 '무언가 함께 공부하는 시간으로 하겠다'라고 했으면 무엇을 공부할 것인가를 찾기 위해 가족과 함께 다양한 탐색활동을 가져보는 것이다.

경기도 일산에 거주하는 정형외과 의사인 이준혁(가명) 씨는 처음 '가족과 함께하는 1시간'의 과제를 찾을 때, 자녀들을 집 근처 대형 서점으로 데려가서 가족이 함께하면 좋을 만한 과제와 관련한 책들을 찾아오는 행사를 했다고 한다. 책값 지불을 위한 체크카드를 나눠 주고, 마치 보물찾기 하듯 시간을 정해서 과제에 대해 고민해보고, 그에 관한 책들을 찾아오는 게임 방식으로 진행했다. 그랬더니 가족들의 관심도가 매우 높았고, 그 과정 자체가 즐거운 하나의 놀이가 되었으며, 그렇게 정해진 과제에 대한 가족들의 참여도 매우 적극적이었다. 그렇게 몇 차례의 과제 찾기 이벤트를 통해 그들 가족이 선택한 과제는 중국어 회화였다. 몇 차례 가족여행을 통해 중국이라는 나라를 접했었던 터라 가족들의 중국어 회화 공부에 관한 관심이 남다르기도 했지만, 그를 찾고 결정하는 과정 자체를 가족들 모두가 동참하는 하나의 즐거운 이벤트로 만든 효과를 톡톡히 볼 수 있었다.

둘째, 가급적이면 이제까지 서로 안 해보던 것을 추구하라.

많은 가족들이 '뭔가 함께하자!'라고 하면, 쉽게 시도할 수 있거나 크게 부담이 안 되는 것들에서 생각하다 보니 가족 구성원들 대부분이 이미 알고 있거나 해본 것들 중에서 찾는 경우가 많다. 물론 그런 것들을 선택하는 게 나쁘다는 것은 아니다. 그저 집 뒷산을 걸어 오르더라도 가족 모두가 마음을 열고 꾸준히 함께해나가는 것은 분명 가치 있는 일일 것이다. 하지만 이왕이면 그 시간을 더 뜻깊게 하고 가족 구성원들의 보다 적극적인 참여를 유발하고자 한다면 이제까지 한 번도 안 해보았거나, 하고 싶었지만 엄두가 나지 않아서 망설이고 있던 것들을 시도해보면 좋다.

연기파 배우인 잭 니콜슨(Jack Nicholson)과 모건 프리먼(Morgan

P. Freeman Jr.)이 주연한 〈버킷리스트(The Bucket List)〉[*](2007)라는 영화를 본 이들이 있을 것이다. 의사로부터 시한부 판정을 받은 두 병실 동료는 모건 프리먼이 작성하다 만 '죽기 전에 꼭 해보고 싶었던 일들 리스트', 즉 버킷리스트를 작성하고서는 그를 하나씩 실행해나간다는 것이 대략의 줄거리인데, 여기서 그들이 리스트에 적은 것들이 아주 가관이었다. 최고 성능의 희귀 스포츠카를 몰아보는 것으로 시작해 스카이다이빙이라든가 전용기를 타고 세렝게티(Serengeti)^{**} 초원을 방문하는 것들이 그것이었다.

그런데 더 인상적이었던 것은 그렇게 함께 버킷리스트를 지워가면서 그들이 보여준 환희에 찬 표정과 시한부의 삶을 사는 환자라는 것이 믿기지 않을 정도의 활력이었다. 사람이 간절히 하고 싶었지만 여러 가지 여건과 현실 속의 핑계 탓에 하지 못했던 것을 결국 하게 되었을 때 얼마나 기쁘고 또 그것들이 얼마나 커다란 삶의 에너지가 되는지를 여실히 보여준 영화라 하겠다.

<hr />

* 한국 개봉 시 제목은 '버킷리스트: 죽기 전에 꼭 하고 싶은 것들'이다.
** 아프리카 탄자니아부터 케냐에 걸쳐 펼쳐진 3만km²가 넘는 광활한 초원으로 다양한 동식물들의 자연 서식지로 유명하다.

가족과 함께하는 1시간에 도전해볼 과제들을 선택할 때도 마찬가지다. 이제까지 현실을 핑계로, 생활여건을 핑계로, 어색함을 핑계로 해보지 않았던 것들에 도전해보자. 아빠가 먼저 자녀들의 손을 잡고 힙합 등 방송댄스 학원의 문을 두드릴 수도 있고, 엄마가 가족들과 함께 공방을 방문해 목공일에 도전해볼 수도 있다. 단순히 걷기나 조깅보다는 트라이애슬론(Triathlon)[*]이나 산악자전거를, 영어회화보다는 샹송으로 배우는 프랑스어 회화를, 영화감상이나 음악회를 들으러 가는 것도 좋지만 가족이 함께 영화를 만들어본다거나 악기를 하나씩 정해서 작은 가족악단을 꾸리는 것에 도전을 해보자.

부가적으로 자녀에게 새로움에 대해 도전하는 모습을 가르쳐주는 것 또한 큰 가르침이 될 것이다.

셋째, 과제를 적절히 배분하라.

가족이 함께할 과제를 선정할 때, 단기과제와 장기과제를 적절하게 배분하라는 말이다.

국내 굴지의 반도체 기업인 H사에 근무하는 최철원(가명) 씨는 회사 근처 이천에서 열린 도자기엑스포에 다녀온 뒤 가족과

---

[*] 통상적으로 '철인3종경기'라고도 불리며, 3.9km의 바다수영, 180.2km의 사이클, 42.195km의 마라톤을 쉬지 않고 이어서 하는 스포츠 경기.

함께 도자기를 만들어보기로 했다. 첫날의 가족행사는 무척이나 성공적이었다. 문제는 날이 가면 갈수록 가족들의 참여도나 관심도가 급격하게 줄어들기 시작했다는 것이다. 최 씨는 가족들이 왜 시간이 지날수록 시큰둥해지는지 그 이유를 알 수 없었다. 그러던 어느 날 막내아들이 반죽을 하다 남은 자투리 흙을 가지고 자그마한 인형 등을 만들며 재미있어 하는 것을 보고 그는 자신의 무릎을 쳤다.

최 씨는 처음 시작부터 막내아들의 몸통만 한 정통 자기(瓷器)를 제작하기로 하고 자기 만드는 법 공부를 시작으로 반죽, 물레성형, 굽깎기, 조각, 초벌구이, 시문, 시유, 재벌구이 등의 단계를 하나하나 밟기로 했다. 우선, 도자기란 무엇이고 도예란 무엇인지 이론적으로 배우는 데만도 여러 달이 걸렸다. 겨우 이론 공부를 마치고 도자기 제작의 기초 과정에 들어갔는데, 자기를 굽는 장인의 가르침에 따라 흙을 채취하여 잘게 빻아 물에 넣고 저어 이기는 작업인 도토수비(陶土水飛) 과정 하나하나까지 다 배워서 하려다 보니 가족이 함께 도자기 굽기에 도전한 지 반년이 지나도록 흙만 이기고 있었던 것이었다. 그러다 보니 당연히 가족들의 흥미가 떨어질 수밖에 없었다. 아무리 기본기가 중요하고 단계별로 완벽하게 익히는 것이 중요하다고 하더라도, 그와 병행하여 단기적으로 흥미를 유발할 수 있는 것들이 있어야 가족들의 관심과 적극적인 동참이 가능하다는 것을 느낀 최 씨는 원래 해오던 것과 별개로 매번 도자기 수업시간의 일부를 떼어내 찻잔 받침이나 탁상용 필통, 젓가락 받침이나 조그마한 도자기 인형 등을 가족과 함께 만들었다. 이같이 한 결과 가족들의 참여도는 다시 높아졌다.

이처럼 가족과 함께하는 1시간에 도전할 과제를 선정할 때에는 장기적으로 진행할 수 있는 연속성 있는 과제와 더불어 함께하는 그 시간에 어느 정도 성과를 맛볼 수 있는 단기적, 단계별 과제들을 함께 배치하는 것이 좋다.

과제 선택과 관련한 보다 자세한 내용은 나중에 좀 더 자세히 다루기로 한다. 앞서 나온 최종현 부장의 가족은 여러 번의 가족회의와 주변 사람들로부터 얻은 정보를 바탕으로 하루에 한 시간씩 온 가족이 함께 영어회화를 공부하기로 하고 노트북을 보며 자연스럽게 학습할 수 있는 세계적인 어학도구인 R 프로그램을 구매했다.

4단계: 서로 간의 격려와 관리

1단계에서부터 3단계까지가 가족과 함께하는 1시간을 위한 준비 단계라고 한다면, 4단계부터는 그 '1시간'을 실천하는 데 필요한 단계들이다.

가족과 함께하는 1시간이 늘 보람 있고, 즐거우며, 유쾌하다면 사실 이 4단계는 별 필요가 없다. 하지만 사례를 조사해보면 많은 가족들로부터 "가족과 보내는 1시간이 계속됨에 따라 때때로 매너리즘이나 피로감에 빠지게 되는 경우가 있다"는 답변을 듣게 되고, 그들 중 상당수의 가족들이 바로 그 이유 때문에 결국 오래 못 가 포기하고 말게 되는 모습들을 볼 수 있었다.

최종현 부장 가족의 경우도 마찬가지였다. 가족 모두가 함께하는 시간의 필요성을 공감하고, 서로의 시간을 활용하는 형태에 대해 분석하여 가장 확보하기 쉬운 시간대에 모두 모일 수 있는 1시간을 마련한 뒤, R 컴퓨터 프로그램을 활용하여 영어회화 공부를 시작했다. 초기에는 조금 어색하기도 했지만, 차츰 익숙해지기 시작하면서 가족 모두가 함께 재미있게 영어 공부를 할 수 있었다. 하지만 그렇게 한두 달이 지나자 슬슬 한 두 명씩 가족이 함께하는 영어회화 공부를 귀찮아하거나, 재미를 못 느끼기 시작했다. 며칠 그러다가 다시 회복하기도 했지만, 전반적으로 처음에 비해 관심과 열의가 떨어진 것은 사실이었다. 최 부장은 가족 구성원 중에서 가장 출석률이 좋고 진도가 빠른 사람에게 상품권을 선물로 준다거나, 잦은 지각과 불참을 기록한 큰딸을 공개적으로 질책한다거나 하는 방식으로 독려를 해보았지만 별 소용이 없었다고 한다.

이러한 고민을 털어놓는 최부장에게 선물로 《넛지》라는 책을 권해주었다. '넛지(Nudge)'라는 말은 시카고대학교 부스경영대학원 교수인 리처드 탈러(Richard H. Thaler) 박사와 캐스 선스타인(Cass R. Sunstein) 박사가 함께 지은 책의 제목으로 굳이 번역하자면 '팔꿈치로 슬쩍 찌르다' 정도의 뜻을 가진 단어이다. 코미디언 故 서영춘 씨가 불렀던 "인천 앞바다에 사이다가 떴어도 고뿌〔컵(Cup)의 일본식 발음〕없이는 못 마십니다"로 시작되는 세속가요의 중간쯤에 "니가 먼저 살자고 옆구리 콕콕 찔렀지, 내가 먼저 살자고 옆구리 콕콕 찔렀지"라는 가사가 나온다. 직접 말로 표현하는 대신 '옆구리 콕콕 찔러'서 상대방이 내가 원하는 의도를 알아채고 그대로 따르도록 하는 것, 그것이 바로 '넛지'의 진정한 의미다. 이 책을 최 부장에게 선물로 준 이유도 다름 아닌 가족, 그리고 가족이 함께하는 시간을 경영할 때 바로 이 넛지 이론을 활용했으면 하는 뜻에서였다.

가족이 함께 시간을 갖고 무언가를 하기 시작한 뒤 일정한 시간이 흐르다 보면 매너리즘에 빠지거나 가족 구성원 중 일부가 흥미를 못 느끼고 이탈하기 시작할 가능성이 높아진다. 이럴 때 무작정 가장의 권위나 엄마의 잔소리로 밀어붙이는 것에는 한계가 있다. 강압적이지 않은 넛지를 통해 가족 구성원들이 다시 흥미를 느끼고, 자발적인 동참이 일어날 수 있도록 해주는 것이 필요하다.

그 넛지의 방법에는 여러 가지가 있을 수 있다. 일정한 기간이 지날 때마다 서로 '격려쪽지'를 발행하여 힘든 부분이 있으면 격려하고 응원하는 방법도 있겠고, 가족 공동으로 사용하는 화이트보드를 만들어 그곳에 가족모임의 출석표와 하고 있는 과제의 진척도를 한눈에 볼 수 있는 표를 만들어 출석을 독려하고 약간의 경쟁심을 유발하는 방법도 있겠다. 또 어떤 가족은 매일 1시간씩 성경 읽기를 해오고 있는데, 한 달에 한 번씩 출석률이 가장 높은 가족을 선정하여 그 사람의 이름으로 감사헌금을 내고 성경 관련 책을 선물로 주는 행사를 통해 무언의 독려활동을 하기도 한다.

이러한 넛지를 통한 가족 간의 격려활동은 비단 모임을 주도

하는 사람만 하는 것이 아니라, 가족 구성원 중 지치거나 매너리즘에 빠진 사람이 보이면 누구라도 그 역할을 할 수 있어야 한다. 그 방식 또한 월간 베스트 선정, 가족 시상식, 응원의 편지, 진척도 표시 등 어떠한 것이 되어도 좋다. 서로 진심으로 격려하고 함께하고자 하는 마음만 담겨 있다면 말이다.

최종현 부장의 가족은 현관에 걸 수 있는 자그마한 화이트보드를 사서 그곳에 일주일별 출석도와 어학 프로그램에서 매 단계별 치르게 되어 있는 테스트 점수를 표시해두기로 했다. 그리고 그를 종합하여 매월 말 가장 점수가 높은 한 명에게 친구와 함께 갈 수 있도록 영화관람권 2매를 선물하기로 했다.

5단계: 사랑스러운 흔적 남기기

가족이 하루에 일정 시간씩 모여 특정한 무엇을 한다는 것은 참 당연하고 쉬워 보이면서도 막상 시도해보면 그렇게 녹록하지 않다는 걸 느끼게 될 것이다. "어려울 거 뭐 있어? 그냥 일단 모이면 되지"라고 하는 이도 있겠지만, 그렇게 해서는 단 일주일도 채 넘기기 전에 가족들이 하나 둘씩 이 핑계 저 핑계를 대며 빠져나가고 가족모임 자체도 흐지부지되어 버리고 말 것이다. 때문에 가족들에게 자신들이 무언가 보람된 일을 하고 있고 그를 통해 성장하고 있다는 것을 눈으로 볼 수 있도록 뭔가 남겨주는 것이 가족과 함께하는 1시간을 성공적으로 운영하는 데 큰 도움이 된다.

일본과 대만을 오가며 작은 무역업을 하고 있는 다나카 모토이(田中基) 씨의 가족은 가장인 다나카 씨가 자주 집을 비우므로 그가 국내에 있을 때는 가급적이면 하루에 한 번씩 꼭 한자리에 모이는 기회를 갖는 것을 철칙으로 삼고 있다고 한다. 그렇게 모인 자리에서 그들은 서로 외우고 있는 하이쿠(俳句)*를 암송하고 또 자신이 지은 하이쿠를 선보이면서 즐거운 시간을 보낸다고 한다. 이들 가족은 이렇게 가족 하이쿠 모임이 어느 정도 진행되면 그간 짓거나 읊은 하이쿠들을 모아 6개월에서 1년에 한 번 정도 손수 인쇄와 제본을 한 '하이쿠 모음집'을 제작하여 가까운 지인들에게 나눠 준다는 것이다.

그를 통해 가족들은 자신들이 함께한 시간 동안 거둔 성과를 눈으로 볼 수 있어 더더욱 참여도가 높아지는 장점이 있다고

....
* 일본 근대 시가의 일종으로, 모두 17개의 음만을 사용하여 짧고 압축적으로 계절의 변화와 그에 대한 자연의 섭리 혹은 인간 감정의 변화 등을 재치 있으면서도 서정적으로 담는 것이 특징이다. 압축적이면서도 뜻을 선명하게 드러내는 것이 현대의 광고, SNS 등에 적합하다고 알려지면서 다시 젊은 세대들을 중심으로 각광받고 있다.

한다.

"기록은 기억을 지배한다"라는 말이 있다.

2000년대 초 모 카메라 회사의 CF에 등장한 이 말은 이후 디지털카메라와 블로그 등의 열풍을 가장 상징적으로 표현하는 레토릭(rhetoric)* 중 하나가 되었다. 이는 단순하게 생각해보면 무언가를 기록하는 것이 그것을 기록하지 않고 머릿속으로만 기억하는 것보다 훨씬 오래간다는 것을 의미한다. 하지만 그를 좀 더 확대해서 생각해보면 우리가 기억이라는 도구로 인지하고 보유하고 있는 정보의 일회성, 비(非)확장성을 뜻하는 말이기도 하다. 우리가 행하거나 인지한 어떠한 일의 결과를 나뿐만 아니라 다른 사람들도 볼 수 있고 만질 수 있는 무언가로 남겨놓았을 때와 그 것을 경험하고 인지한 사람의 기억 속에만 담고 있을 때 그 영향력과 파급력은 비교할 수 없을 만큼 차이가 크기 때문이다.

마찬가지로 가족이 함께한 시간들의 결과물을 가족들뿐만 아니라 다른 사람까지도 볼 수 있고 만질 수 있는 무언가로 남겨놓은 가족과 그렇지 않은 가족이 나중에 자신들이 함께했던 시간에 대해 인지하고 그 가치를 공유한 정도를 살펴보면 아마

....

* 그리스, 로마 시절 정치가들이나 법관들이 자기 자신의 주장을 강조하기 위해 사용한 수사법을 일컫는 말.

도 눈에 띄게 큰 차이가 있을 것이다.

가족이 함께한 시간의 흔적은 어떠한 형태라도 괜찮다. 다나카 씨의 가족처럼 조금은 거창할 수도 있는 작품집(문집, 화첩, 사진집 등)의 형태로 남기는 가족도 있겠지만, 기도모임이나 산책 등 뚜렷하게 가시적인 무언가를 남기기 어려운 활동을 한 가족의 경우 간단하게 즉석카메라로 사진을 찍고 그 밑에 날짜와 짧은 소감 등을 적어본다든지, 특정한 시기가 지날 때마다 서로에게 간단히 엽서를 보내 서로 간직한다든지, 온라인으로 가족 블로그나 카페 등을 만들어 모임에 관한 간략한 코멘트를 다는 등 여러 가지 방법으로 얼마든지 가족이 함께한 행복한 시간의 흔적을 남길 수 있다.

최종현 부장 가족의 경우 컴퓨터를 잘 다루는 최 부장의 둘째 딸이 일주일마다 온 가족의 성적과 진도를 입력하고 목표 달성도를 비교해볼 수 있는 간단한 프로그램을 만들어 가족들의 노트북과 패드 등에 깔아주었다. 그리고 그를 통해 자신들의 '가족과 함께한 1시간'의 흔적을 남기기로 했다.

이 부분은 뒤에 조금 더 이야기하도록 하겠다.

6단계: 가족의 확장

이상이 가족과 1시간을 어떻게 마련하는지에 대한 개략적인 단계별 내용이다.

마지막으로 한 가지만 더 추가하자면, 한국의 가족들이 가장 취약한 부분 중 하나인데, 가족과 함께하는 시간을 정례화하고 일상화하는 것을 성공했다면 이제 그 가족의 범위를 넓혀서 가족끼리만 할 것이 아니라 다른 가족이나 다른 가족의 구성원과 함께하는 활동으로 확대하는 것이다.

성공적으로 가족과 1시간을 마련하기 위한 마지막 단계로 이러한 '가족의 확장'을 권장하는 데에는 몇 가지 이유가 있다.

첫째, 매너리즘의 탈피이다.

아무리 새로운 과제로 바꿔 도전해가며 가족들끼리 시간을 갖는다고 해도 매일 얼굴을 마주 보는 사람끼리 하는 활동이다 보니 다소 지루해지거나 지겨워질 수 있다. 이를 '가족'이라는 이름만 앞세워 부정하거나 부인할 수만은 없다. 더군다나 한창 혈기왕성한 나이인 자녀들의 경우 친구들과 어울려 놀고 싶은 마음도 클 것이다. 그럴 때는 가족 대 가족이 아니더라도 한두 명쯤 가족 구성원에 자녀의 친구 등 다른 구성원을 포함시켜 시간을 가져보는 것도 좋다.

둘째, 폐쇄성의 탈피이다.

가족 단위로 시간을 보내는 것을 강조하다 보면, 성인들의 경우에는 괜찮지만 이제 막 사회성을 기르고 인간관계의 기본을 배워나가는 어린 자녀들의 경우 그 또래에 꼭 발달해야 할 사회성이나 공감 능력이 오히려 저하될 우려가 있다. 그렇게 되는 것을 막기 위해 필요할 때마다 자녀들의 친구들을 초대하든지, 친분이 있는 다른 가족과 함께하는 시간을 갖는 것이 좋다.

셋째, 획일화의 탈피이다.

가장이 되는 아빠나 엄마가 아무리 다양한 사회적 경험을 하고 많은 공부를 하여 학식이 높다 하더라도 인생사 모든 것을 다 알고, 모든 일에 다 능통할 수는 없다. 특히 어떠한 문제를 판단하거나 정치적·종교적·문화적 견해를 밝혀야 할 경우 개인의 경험에만 입각하여 편협한 판단을 했을 때, 오히려 가족 간에 함께 보내는 시간이 적고 데면데면한 가족의 구성원보다 훨씬 크게 악영향을 받게 되는 경우가 있다. 따라서 그러한 잘못을 피하기 위해서라도 늘 그렇게 하지는 못하더라도 기회가 될 때마다 다른 견해, 다른 경험을 보유한 사람이나 가족들과 함께하는 시간을 가져보는 것이 좋다.

이러한 활동을 통해 가족 구성원들의 활동이 더더욱 활성화 되고, 구성원 모두가 매너리즘이나 편협한 사고에 빠지지 않도록 할 수 있다. 더불어 가족과 함께한 시간에서 거둔 성과를 뭔가 부족한 타인이나 불우한 이웃들에게 베푸는 활동은 가족을 벗어나 타인이나 소속된 사회에 자신과 자신의 가족이 미칠 수 있는 긍정적인 영향력을 인식하게 되는 교육적 효과도 얻을 수 있다.

이 부분에 대한 사항 역시 뒤에 좀 더 자세하게 다루도록 하겠다.

무엇을 할 1시간인가?

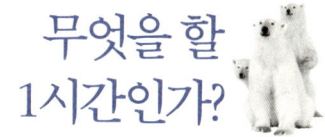

어렵게 마련한 1시간, 무엇을 할까?

그럼 보다 세부적으로 가족과 함께하는 소중한 1시간 동안 무엇을 하면 좋을지에 대해 이야기해보자.

앞서 살펴본 발렌베리 가문의 경우처럼 다른 것 없이 그저 함께 집 근처 공원이나 마을 주변을 함께 이야기하며 산책하는 것만으로도 충분하다. 그 시간 동안에도 충분히 배움의 활동이 일어나고, 상호 의사소통과 상대방에 대한 진솔한 이해 등의 작업이 이루어질 수 있다. 하지만 그건 산책이나 하이킹이 일상화되고 자유로운 의사소통과 대화가 이루어지는 것이 당연시되는 문화권에서나 가능한 일이고, 실제 한국에서 가족과 함께한 시간을 대화와 산책에 할애한 많은 가족들은 그 효용과 즐거움에 대해 그다지 높게 평가하지 않는 것이 사실이다. 때문에 가족과 함께하는 1시간에 무엇을 할지에 대해 깊이 있는 고민과 노력이 필요한 것이다.

그러면 무엇을 하면 좋을까?

우선 과제 선정의 기본조건은 크게 세 가지다.

첫째, 가족 모두가 즐겁게 참여할 수 있는 과제여야 한다.

가족이 모두 진심으로 즐기고 동참할 수 있으려면 과제 자체를 특정한 한 사람이 즐기는 것을 선택해서는 안 된다. 물론 가족 구성원 중에 특별한 취미활동을 오랫동안 해온 이가 있고 다른 가족들도 그에 대해 관심을 갖고 있었다면 그를 가족 모두의 과제로 선택해도 큰 문제가 없겠지만, 그렇지 않을 경우에는 가족 모두가 관심을 갖고 기꺼이 참여할 수 있는 과제를 새롭게 찾아보는 것이 좋다.

또 1시간을 투자할 과제를 찾아오라고 시켜보면 오로지 '자녀의, 자녀들에 의한, 자녀들을 위한' 과제들을 선택해서 가져오는 이들이 많다. 이 경우 초기에는 부모들이 '자녀를 위한다'는 사명감에 억지로 즐기고 동참하지만, 대부분 얼마 안 가 이런저런 이유로 흐지부지되어 버린다. 때문에 조금 시간이 걸리더라도 가족 모두가 즐겁게 참여할 수 있는 과제를 찾아내야 한다.

둘째, 도덕적으로 올바르며 사회 통념상 인정받는 과제여야 한다.

너무나 당연한 이야기다. 이 세상 어느 가족이 가족 모두가 함께하는 과제를 선정할 때 다른 사람으로부터 손가락질 받을 만한 과제를 선택하겠는가? 하지만 여기서 '도덕적으로 올바르다'는 얘기는 단순히 뒤이어 나오는 사회 통념상 인정받는, 타인의 상식 수준에서 이해되고 납득되는 수준을 말하는 것이 아니다. 그보다는 그 과제를 수행하는 가족 구성원 한 명 한 명의 내면에 깔려 있는 도덕률을 기준으로 재단했을 때 올바른 수준을 말한다.

예를 들어 가족과 함께 보내는 1시간이 소중하기는 하지만, 그에 못지않게 가족의 생계 혹은 생계에 필요한 재화를 마련해야 하는 가장이 그 1시간을 준비하는 데 자신의 기준보다 많은 에너지와 시간을 쏟아야 하는 과제를 선택하면 안 된다는 것이다. 마찬가지로 가족의 건강과 안녕을 고민하는 아내에게 걱정과 두려움, 근심과 고민거리가 되는 위험한 과제를 단순히 가족 모두가 재미있게 즐길 수 있고 다른 사람으로부터 손가락질 받지 않을 과제라고 마냥 시도해서도 안 된다는 것이다. 조금은 덜 재미있고, 트렌드에 덜 민감하더라도 가족 모두가 생각하기에 합당하다고 인정할 만한 과제를 찾아야 한다.

셋째, 장기간 지속할 수 있는 과제여야 한다.

가족과 함께하는 1시간은 일회성으로 몇 번 하고 말 것이 아니라 지속적으로 마련하여 일종의 습관이 되어야 하는 시간이다. 때문에 그 시간에 할 과제를 선택하는 데 있어서도 단시간에 결과물을 만들어내고 끝나는 과제나, 다른 과제와 연관성이 별로 없어 발전·전개·이전의 가능성이 없는 과제는 가급적이면 피해야 한다. 대신 단계별로 성장할 수 있거나 다른 영역으로 확장할 수 있는 '열린' 과제를 찾아보는 것이 좋다.

이상이 '가족과 함께하는 1시간'에 할 과제를 선정할 때 고려해야 할 가장 기본적인 세 가지다.

그럼 이와 같은 기본적인 조건을 바탕으로 가족과 함께하는 1시간에 할 만한 구체적인 것들로는 어떤 것이 있을까?

1단계: 가시적인 성과가 남는 1시간

먼저, 1단계에 선택하면 좋은 과제는 가족과 함께하는 1시간을 처음 시작하는 가족에게 적합한 과제들이다. 이 과제들의 공통된 특징은 가시적인 성과가 남는다는 것이다.

모 국책은행에 근무하는 구찬수(가명) 씨의 가족은 하루에 50분 정도씩 함께 서예를 하고 있다. 중학교에 다니는 두 아들이 하루씩 번갈아가며 당번을 맡아 미리 벼루에 먹을 갈고 탁자 위에 종이를 깔아 준비를 해두면 아빠인 구 씨가 방에 향을 피우고 잔잔한 음악을 트는 일을 맡는다. 아내는 글을 쓰는 중간 중간 가족들이 먹을 커피와 간단한 다과를 마련하는 일을 맡고 있다. 그렇게 준비를 마친 가족들은 그날그날 사서삼경이나 불경의 몇 구절을 골라서 함께 읽고 준비한 종이에 쓴 뒤 서로 평가하며 서예 실력도 쌓고 성장기 자녀들의 정서도 안정시키며 가족 간에 따뜻한 대화를 나눌 수 있는 만족스러운 시간을 벌써 몇 년째 갖고 있다.

처음부터 구찬수 씨의 가족이 이렇게 만족스러운 시간을 보낼 수 있었던 것은 아니다. 한창 나가서 뛰어 놀기 좋아할 나이였던 두 아들은 서예시간만 되면 입이 툭 튀어나와서 마지못해 붓을 잡고는 했었다. 그랬던 그들의 태도가 지금의 모습으로 획기적으로 바뀌게 된 작은 계기가 있었다.

가족이 모두 함께 서예를 시작한 지 만 1년이 되었을 무렵,

구찬수 씨는 그동안 자녀들이 열심히 쓴 반야심경(般若心經)*의 글귀들을 모아 12폭짜리 병풍을 만들어 자랑삼아 아이들 외할머니께 선물로 보내드렸다. 그런데 그 후 얼마 안 있어 처갓집 마을에서 큰 제사를 지내게 되었는데, 마을회관에서 공용으로 쓰던 병풍이 못 쓰게 되어 아이들이 쓴 반야심경으로 만든 병풍을 가져다 쓰게 되었다는 것이었다. 아이들 외할머니는 마을 사람들에게 "이게 우리 외손주들이 쓴 글씨로 만든 병풍이다"라고 자랑을 하셨고, 마을 사람들은 하나같이 입을 모아 아이들의 글 솜씨를 칭찬했다고 한다. 이후 아이들 외할아버지의 기일이라 제사를 지내기 위해 내려가 보니 외할머니는 일찌감치 병풍을 마루에 내놓고 보는 사람한테마다 입에 침이 마르도록 자랑하느라 여념이 없으셨다고 한다.

그 모습을 본 아이들이 '하루 50분의 서예 시간'을 대하는 태도가 달라졌다. 자기들이 알아서 먼저 탁자를 준비하고 시키지도 않았는데 번갈아가며 먹을 갈아놓겠다고 했다. 그렇게 50분의 서예시간은 네 가족이 함께하는 가장 행복한 시간으로 거듭날 수 있었다.

....

* 대승불교의 반야사상을 담은 경전으로, 우리나라에서 가장 널리 읽히고 암송되며 정식 명칭은 '마하반야바라밀다심경(摩訶般若波羅蜜多心經)'이다.

구찬수 씨의 사례가 이야기하는 것은 무엇일까? 그리고 왜 가족과 함께하는 1시간의 첫 번째 단계에서 '가시적인 성과가 남는 과제'를 선택해야 하는 것일까?

보통 가족과 함께하는 1시간을 실천하면서 많은 가족들이 '가급적이면 많은 준비가 필요 없고, 크게 투자할 것이 없으며, 간단하게 시작할 수 있는' 과제를 선택하려고 마음먹었을 것이다. 현실적으로 맞는 이야기처럼 보이기도 한다. 하지만 가족과 함께하는 1시간을 처음 시작할 때의 그 서먹함과 어색함, 지속하려 했을 때 겪게 되는 여러 가지 어려움들을 조금이라도 아는 사람이라면 대번에 그다지 현명하지 못한 판단이라는 걸 알 수 있을 것이다.

'가족과 1시간'이 무척이나 소중한 시간이고, 꾸준하게 실행했을 때 가족 전체의 성장과 발전에 엄청난 영향을 미칠 시간임은 분명하지만, 그 시간이 생계와 직접적으로 관련이 있는 시간이 아니고, 법률이나 제도적으로 반드시 하도록 강요되는 시간도 아니며, 자녀들의 경우 학업이나 진학을 위한 활동에 연관이 되는 활동도 아니다(몇 해 전부터는 가족이 함께하는 활동(여행이나 봉사활동 등)의 경우 교장 재량에 따라 '현장활동' 등의 명분으로 소정의 시간만큼 수업참여로 인정해주고는 있지만).

또 앞서 누누이 얘기한 것처럼 한국 사회에서 가족 간에 고정적으로 시간을 마련하는 활동들이 친구와 술 한잔하고 실내 골프장에서 게임을 즐기던 아빠에게, 즐겨 가던 커피전문점에서 따듯한 커피 한잔과 함께 즐거운 얘기를 나누던 엄마에게, 친구들과 노래방이나 PC방에서 신나게 즐기던 자녀들에게 더 큰 즐거움을 줄 것이라고는 장담하지 못할 것이다. 게다가 어떠한 만남과 활동들도 일정한 시간이 지나면 매너리즘에 빠져 지루해지게 되기 쉽다.

그럴 때 가장 먼저 가족과 함께하는 1시간을 갖자고 주장했던 사람(주로 아빠나 엄마가 그 역할을 하게 될 것이다)의 다그침만으로 그 시간을 계속 유지해나가는 것은 어느 정도까지는 가능할지 모르지만 지속적으로 그렇게 하기는 매우 힘든 것이 사실이다. 그래서 처음 가족과 함께하는 1시간을 시작한 가정에서 실행하면 좋을 과제로 가시적인 성과가 남는 과제를 권한다. 가족과 함께하는 시간을 활용하여 일정한 활동을 하고 그를 통해 얻은 성과들이 가시적으로 나타남에 따라 그를 보고 만족감을 얻어 계속적으로 가족과 함께하는 활동에 재미를 붙이고 동참하게 될 것이고, 아직 무언가 눈에 띄는 작품(성과)을 만들어내지 못했다면 더욱 분발하여 무언가를 완성시키기 위해 가족 구성원들이 열의를 가지고 동참하게 될 것이기 때문이다.

그렇다면 가족이 함께하여 가시적인 성과를 볼 수 있는 활동에는 어떤 것들이 있을까?

구찬수 씨 가족의 경우와 같이 서예, 회화, 조각, 판화, 도예 등과 같은 미술활동 중에 해볼 만한 것들이 많다. 또, 한때 탤런트 박신양 씨가 TV에 나와 자신의 취미활동이라고 소개를 하면서 크게 화제가 되었던 가구공예 등도 가족이 시간을 투자한 만큼 눈에 보이는 성과물(가구나 실내 장식물 등)을 만들어낼 수 있는 활동이다. 뿐만 아니라 독일이나 스칸디나비아반도 국가 등 북유럽 쪽에서 먼저 유행을 하고 국내에도 많이 전파된 것으로 공작기계를 이용하여 다양한 기계, 조형물을 만드는 활동들도 최근 들어 크게 인기를 끌고 있다.

또, 최근에는 사는 곳 근처에 가족화단을 꾸리는 사람들도 있다. 과거 거주지에서 멀리 떨어진 곳에 가족농장을 만들거나 조상이 살던 고향으로 귀농(歸農)하는 것이 하나의 유행처럼 번졌던 적이 있다. 그런 거창한 일을 저지를 만한 여건이 안 되는 바쁜 도시민들 위주로 마이크로가든(Micro Garden)이라 하여 베란다나 아파트의 텃밭 또는 실내에 화분과 습도를 조절해주는 인공 분수시설 등을 갖춘 작은 화단을 가족이 합심하여 만들고 가꾸는 것이 이제 유행을 넘어서서 하나의 문화처럼 자리 잡고 있기도 하다. 국내 여가학과 문화심리학의 대표적인 권위자이자 베스트셀러 작가인 명지대학교 김정운 교수도, 그 바쁜 일상 속 가장 행복한 시간이 집 뒷산 등산로 어귀에 두 아들과 함께 가꿔놓은 가족약수터에 가서 그를 돌보고 부인, 자녀들과 함께 싸 가지고 간 차를 들며 이런저런 담소를 나눌 때라고 한 바 있다.

그런데 가족이 함께하여 가시적인 성과를 볼 수 있는 활동에는 이렇게 뭔가 뚱땅거리고 손에 기름이나 물감, 흙 등을 묻혀가면서 해야 하는 일들만 있는 것은 아니다.

두 딸을 기르다가 뒤늦게 아들을 낳아서 현재 대학생 자매와 초등학생 막내아들을 키우고 있는 조혜연(가명) 씨는 "수업시간에 주의가 너무 산만해서 큰일이다"라는 막내아들 담임선생님의 가정통신문을 받아 들고 혹시나 해서 찾아간 병원에서 청천벽력과도 같은 이야기를 들었다.

주의력결핍과잉행동장애(ADHD: Attention Deficit Hyperactivity Disorder),[*] 병적인 주의력 장애가 우려된다는 얘기였다. 어려서

------

* 주의력 집중 장애로 전 세계 취학기 아동의 5% 내외가 앓고 있는 질병. 주의가 산만하고 집중을 하지 못하며 때때로 폭력적이거나 충동적인 성향을 보이기도 한다.

부터 늦둥이를 본 부모와 다 큰 누나들이 너무 '오냐, 오냐' 하며 어리광을 받아줘서 그런 것 같아 혜연 씨는 더더욱 가슴이 아팠다고 한다. 아직 상태가 많이 심각한 것은 아니었지만 계속 방치할 경우 집중력 장애나 난독증에 의한 학습장애, 충동적이고 폭력적인 성향으로 악화될 수도 있다는 의사 선생님의 소견을 받아 든 혜연 씨는 남편과 상의를 하다가 신앙의 힘을 빌려보기로 했다.

평상시에도 혜연 씨와 큰딸은 새벽 5시에 일어나 새벽기도를 빠짐없이 나가고 있었는데, 새벽기도를 마치고 집에 오는 시간인 6시에 다시 가족모임을 하기로 했다. 그 가족모임에서 이들이 하기로 한 것은 잠시 동안 아빠의 진행으로 기도를 올린 뒤 성경 몇 구절씩을 각자 자신의 노트에 그대로 받아 적는 필사(筆寫)를 하는 것이었다. 누군가가 혜연 씨 아들처럼 ADHD 증상을 앓았었는데, 병원 치료와 함께 동화책 베껴 쓰기를 시켜서 효과를 보았다는 이야기를 전해 들었기 때문이었다.

처음에는 날마다 아침에 모여서 잠언(箴言, Proverb)[*]을 처음부터 차례대로 몇 구절씩 노트에 베껴 적기 시작했다. 예상한

....
* 고대의 왕 솔로몬이 지었다고 하는 구약성경의 한 부분.

대로 막내아들의 반발이 가장 심했고, 아침잠이 많은 둘째 딸역시 마찬가지였다. 남편 역시 가족과 함께하는 시간을 가져야 한다는 중요성은 잘 알고 있었지만, 전날 저녁 술자리가 있었다거나 일이 많아서 피곤했던 날의 다음 날은 여지없이 새벽에 일어나 자리에 앉으면서부터 투덜대기 일쑤였다. 그러던 그들의 아침 모임이 자리 잡기 시작한 것은 잠언을 다 쓰고, 시편 (Pslam)[*] 까지 다 베껴 적은 뒤, 욥기(Book of Jobs)^{**}를 필사할 무렵이었다. 사실 얼마 전부터 이들 가족에게 엄청난 변화가 있었는데, 가족들은 그를 모르고 있었다. 그들이 자신들에게 일어난 변화를 깨닫게 된 것은 매주 한 번씩 집을 찾아오는 막내아들의 방문 학습지 선생님의 말을 통해서였다.

"요즘 창원(가명)이가 많이 달라졌어요."

아들의 숙제와 진도를 확인한 뒤 엄마 혜연 씨와 상담을 하면서 학습지 선생님이 한 말이었다. 예전에는 10문제면 한두 문제는 빼먹기 일쑤였고, 아예 한 페이지 전체를 건너뛰고 답을 적어놓기도 했으며, 옆에 앉아서 문제를 풀어보라고 하면 문장하나를 채 다 읽지 못하고 밖에 한 번 나갔다 오고 시계를 만지

....
＊ 고대 기독교인들의 찬양과 복음의 노래들을 모아놓은 구약성경의 한 부분.
＊＊ 세계문학의 걸작으로 꼽히는 구약성경의 한 부분.

작거리고 머리를 긁적이다가 갑자기 소리를 지르기도 하는 등 산만하기가 이를 데 없었는데, 요즘 부쩍 그런 모습이 안 보이더라는 것이다. 그 말을 듣고 보니 예전에는 늘 TV 리모컨을 손에 쥐고 5분도 안 돼서 한 번씩 채널을 바꾸는 것이 일상이었는데, 요즘은 다큐멘터리 프로그램 같은 걸 틀어줘도 30분 넘게 보고 있는 모습을 자주 볼 수 있었다.

혜연 씨는 그 기념으로 성경 한 편을 가족들이 다 쓸 때마다 그를 제본해서 각자에게 나눠 주기로 했으며, 가족이 구약을 다 쓰면 정식 제본해서 책으로 만들기로 했다. 그런 목표가 생기자 가족들은 때론 하기 싫어하고, 때론 귀찮아하고, 때론 지겨워하던 예전의 모습에서 벗어나 누가 먼저랄 것 없이 적극적으로 참여하기 시작했다. 결국 그들은 정확히 1년 만에 구약성경을 다 쓸 수 있었고, 그 성경을 복사와 제본을 거쳐 가까운 지인들에게 선물로 나눠 줬으며, '손으로 쓴 성경책'을 흐뭇하게 바라보며 현재 신약성경을 거의 다 써가고 있다고 한다.

이처럼 큰 도구나 시설 없이도 가족이 함께한 시간의 흔적을 남길 수 있는 분야들은 다양하다.

가족과 함께하는 1시간이 분명 즐겁고 유익한 시간임에는 틀림이 없지만, 처음 시작해보면 어색하기도 하고 그만 흐지부지

될 개연성이 상당히 높다. 때문에 가족과의 시간을 갖기로 했으면, 명확하게 함께할 목표나 과제 등을 세우되 그 첫 시작은 앞에 예로 든 것처럼 그런 시간을 갖게 된 결과로 눈에 보이거나 손에 잡히는 구체적인 작품이나 산물 등을 만들어낼 수 있는 것이 좋다. 더 바란다면 그 작품이나 산물이 가족 이외의 다른 사람들에게도 자랑할 수 있고 칭찬을 받을 만한 제법 거창한 것이면 더 좋다. "한 포기 풀이 자라려면 따스한 햇볕이 필요하듯 한 인간이 건전하게 성장하려면 칭찬이라는 햇볕이 필요"[*] 하기 때문이다.

자, 오늘 가족과 함께 지혜를 모아보자.

가족과 함께하는 소중한 1시간을 통해 어떤 위대한 작품들을 남길 것인가?

* 세계적인 교육학자 장 자크 루소(Jean Jacques Rousseau, 1712~1778)의 말.

Step 1 ♥ 가시적인 성과가 남는
1시간을 위한 테마들

● 가족문집 만들기

과거 한때 가족문집이나 가족신문을 만드는 것을 학교에서 숙제로 내줄 만큼 유행했던 적이 있었다. 하지만 제작의 어려움으로 일회성에 그치는 경우가 많아 한때 반짝했다가 사라져버렸다. 하지만 최근 들어 IT기술의 발달 덕분에 큰 노력을 들이지 않고도 가족 문집이나 신문 등을 만들 수 있게 되었다. 다시 한 번 가족의 이야기가 담겨 있는 추억의 흔적 만들기에 도전해보자.

가장 쉽게 시도할 수 있는 것은 '가족 블로그' 만들기다. 초보자도 쉽게 이용할 수 있고, 접근이 용이하며, 글은 물론 사진, 음악, 동영상 등 가족이 만들어낸 다양한 콘텐츠를 담아낼 수 있는 장점이 있다.

블로그에 조금 익숙해졌다면 온라인 프로그램을 통해 가족신문을 만들어볼 수도 있다.

● 가족음반 또는 가족 콘서트

과거 음반을 낸다거나 콘서트를 하는 것은 직업적인 음악가들의 전유물처럼 여겨졌었다. 하지만 최근 IT기술의 발전과 관련 산업의 폭발적인 성장 덕분에 큰돈 들이지 않고 간편하게 개인들이 음반을 내거나 콘서트를 열 수 있는 방법들이 생기고 있다.

인터넷을 조금만 검색해보면 그리 비싸지 않은 가격에 스튜디오 대여와 녹음, CD 제작 등을 대행해주는 업체를 많이 찾을 수 있다.

콘서트 역시 마찬가지로, 가족을 포함해 가까운 지인들을 초청하여 공연을 열 수 있는 소규모 공연장들이 주요 대도시 위주이긴 하지만 빠른 속도로 늘어나고 있다.

● 가족공방 꾸리기

과거 〈코스비 가족(The Cosby Show)〉 등의 미국 드라마에서 공구가방을 들고 가족과 함께 차를 고치고 가구를 수리하던 아빠의 모습을 보고 그를 동경하던 이들이 많을 것이다. '그거야, 땅덩어리 넓고 여유시간 많은 미국에서나 가능한 이야기 아니야?'라고만 생각한다면 오산이다. 가족을 위해 무언가 만들어낼 수 있는 공방을 꾸리는 것은 더 이상 결코 어렵기만 한 일이 아니다.

해외 유명 DIY(고객 자가 조립식) 가구업체가 국내에 진출했고, 그에 맞춰 국내 유명 가구회사들도 큰 힘 들이지 않고 공방을 꾸리는 즐거움을 누릴 수 있도록 DIY 키트들을 앞다투어 선보이고 있다.

뿐만 아니라 요리, 공예, 건축 등 '직접 무언가를 손으로 만든다'는 것이 노동이 아닌 즐거움으로 인식되기 시작하며 회원제 공방 등이 폭발적으로 늘어나 마음만 있다면 가족이 함께하는 공방을 꾸리는 것은 절대로 TV에서나 나올 법한 일만은 아니게 되었다.

● 가족 화보, 사진첩 만들기

가족이 함께 만든 작품은 그 수준의 높고 낮음을 떠나 충분히 소장 가치가 있는 하나의 작품집이자 가족의 역사 기록물이다. 과거엔 화보, 화첩, 사진첩을 제작하기 위해서는 복잡한 과정에 상당히 비싼 비용을 지불해야 했지만, 최근에는 사진파일만 있으면 기성 작가들의 화보나 사진첩에 못지않은 수준 높은 작품집을 만들어주는 여러 업체가 성업 중이다.

거창하게 화보나 사진첩이 아니더라도 가족의 작품을 활용하여 액자나 달력, 간단한 생활소품 등을 만들 수도 있다.

● 기타 다채로운 흔적 남기기

위의 것들이 조금은 흔하게 느껴져서 꺼려진다면 조금은 이색적인 것들에 도전해보는 것도 좋다.

초크아트(Chalk Art)라는 것이 있다. 말 그대로 색색의 분필이나 오일파스텔을 가지고 우리가 칠판이라고도 부르는 흑판에 그림을 그리는 것으로서 시중의 카페나 커피전문점의 메뉴판 등을 장식하고 있는 것들이 대부분 이러한 초크아트들이다.

포슬린페인팅(Porcelain Painting)은 초벌구이한 백자에 다양한 그림을 그리고 유약을 발라 구워내 작품을 만드는 것으로 간단한 도구만으로 화려한 무늬의 다채로운 도자기 작품을 만들 수 있어 많은 인기를 끌고 있다.

캘리그라피(Calligraphy)는 '아름다운 서체'를 뜻하는 단어에서 유래한 말로, 글자를 단순히 의사소통 수단으로 보지 않고 다양한 감성과 느낌을 담은 하나의 예술작품으로 승화시킨 작품활동을 말한다. 서예와는 또 조금 다른 영역으로 남녀노소 누구나 다 흥미를 갖고 동참할 수 있다.

윈도우페인팅(window Painting)은 말 그대로 투명한 유리면에 유성 물감으로 그림을 그리는 작품활동이다. 최근 커피전문점이나 트렌디한 레스토랑의 가림막 유리 등에 주로 선 위주로 그려진 그림들이 바로 이 윈도우페인팅이다. 자녀들의 교육에 좋고, 집 안팎 인테리어나 장식용 소품 등에 활용 가능하다.

이외에도 찾아보면, 가족과 함께하는 1시간을 활용하여 뿌듯한 성과를 남길 수 있는 다양한 활동들이 많다.

2단계: 발전의 모습이 남는 1시간

　구분을 위해, 그리고 가급적이면 이러한 단계를 거쳐서 해나가면 좋겠다는 의미에서 '단계'라는 이름을 붙여 분류했지만, 가족들의 취향, 선호도에 따라 1단계가 아닌 2단계 과제 혹은 3단계 과제를 선택해도 무방하다.

　가족들이 '함께하는 1시간'을 활용하여 무언가 보람된 일들을 하고, 어떤 성과물을 남기고, 그를 통해 성취감과 기쁨 그리고 가족의 하나됨을 인식하는 데 어느 정도 익숙해졌다면 다음 단계로 선택하면 좋을 과제로는 '발전의 모습을 남길 수 있는 과제'가 있다.

　발전의 모습을 남길 수 있는 과제라는 것은 무엇일까?

　50대 초반의 송병호(가명) 씨는 젊은 시절 해병대에서 특수잠입 및 폭파 훈련을 받은 특수부대 출신이다. 전역 이후 중견 운수 회사에서 근무하다 퇴직하고 현재는 개인택시 운전을 하며 아내와 두 아들과 함께 살고 있다. 젊은 시절 송병호 씨의 취미는 등산이었다. 그것도 배낭을 메고 주변의 명산을 걸어 올랐다가 내려오는 길에 막걸리 한잔하는 가벼운 산행이 아니라, 올랐다 하면 최소한 해발 1000여 미터 이상 되는 험준한 산을 3~4일에서 길게는 일주일 넘게 비박*을 한다거나, 텐트생활을 하며 능선을 종주한다거나, 깎아지른 암벽을 각종 장비를 가지고 오르는 것을 즐기는 준 전문 산악인이었다.

그러던 어느 날 막 사춘기를 지나던 큰아들이 학교에서 큰 사고를 쳐서, 피해 학생 부모와 합의, 향후 처벌에 대한 논의를 해야 하니 학교로 좀 와주십사 하는 담임선생님의 연락을 받았다고 한다. 학교에 가서 보니 아들이 학교에서도 유명한 주먹이었는데, 이날은 과학실험을 하다가 같은 반 학생과 시비가 붙었고 화를 못 참은 아들이 유리로 된 실험기자재로 상대 학생을 내려쳐서 전치 4주의 큰 상해를 입힌 것이었다. 피해 학생의 부모는 "당장 경찰에 신고해서 콩밥 먹일 거다"라며 펄펄 뛰고 있고, 아들의 담임은 그런 피해 학생 부모를 말리느라 진땀을 흘리고 있었다고 한다. 결국 송 씨가 거의 무릎을 꿇다시피 해서 "같은 자식 키우는 입장에서, 어린애 전과자 만드는 것만은 제발 막아주십시오"라며 빌고, 치료비 전액과 향후 흉터가 남을 경우 성형수술비까지 전액 책임지겠다는 각서를 쓴 뒤에야 겨우 합의를 볼 수 있었다는 것이다.

....
* 독일어 Biwak 또는 프랑스어 Bivouac에서 유래한 말로, 산이나 야지에서 텐트 등의 숙박시설 없이 간단한 침낭이나 담요만으로 밤을 지새우는 방식의 등산 숙영법을 말한다.

그런데 진짜 심각한 문제는 고개를 푹 숙인 채 아무 말도 못하고 있는 아들을 데리고 집에 와서 아내와 마주 앉은 자리에서 일어났다. "이번 문제는 내가 나서서 해결했으니 다행이지만, 도대체 아들 교육을 어떻게 시키는 거냐?"라고 아내에게 화를 냈더니, 미안해하거나 남편을 믿음직스럽고 대견하다고 해야 할 아내가 오히려 더 화를 냈다. 알고 보니 아들이 이런 사고를 친 것이 한두 번이 아니고, 그때마다 자신이 나서서 남편 몰래 큰소리 안 나게 해결해왔었다는 것이다. 아들 역시 오히려 적반하장으로 차라리 잘됐다며 "이번 기회에 아예 학교를 그만두겠다"고 나서는 것이었다.

뭐가 잘못돼도 단단히 잘못되었다고 생각한 송 씨는 고민 끝에 다니던 산악회를 탈퇴하고 매주 아들과 함께 등산을 다니기 시작했다. 처음에는 이불을 머리끝까지 뒤집어쓰고 절대로 산에 가지 않겠다고 버티던 아들도 "말 안 들으면 용돈을 안 주겠다"는 으름장에 한 번, "휴대폰을 바꿔주겠다"는 당근에 한 번 따라나서다가 어느새 등산에 재미를 붙이게 되었고, 그 기세를 살려 송 씨의 장기인 암벽등반에도 도전하여 이제는 송 씨보다도 훨씬 능숙하게 암벽을 탈 수 있게 되었다고 한다. 결국 송 씨의 큰아들은 이런 이야기의 끝에 꼭 따라붙는 '친구들과 툭하면 주먹다짐을 하고 말썽을 피우던 성격도 차츰 고쳐지게 되었 다'는 해피엔딩 결말의 주인공이 되었다.

그런데 송 씨와 큰아들을 포함한 이들 가족의 이야기는 여기 에서 끝이 아니다. 어느 정도 등산에 재미를 붙이고, 암벽등반 이라는 고난도 기술까지 익힌 이들 가족은 좀 더 새로운 것에 도전해보기로 했다. 그것은 산행을 포함한 레저활동과 관련한 자격증을 따는 것이었다. 아빠인 송 씨와 큰아들은 암벽등반 과 관련한 자격증에 도전했다. 생활체육지도사 산악부문 3급 자격증 취득을 시작으로 스포츠 클라이밍 부문 2급 자격증에 도 도전했으며, 대한산악연맹에서 주관하는 루트세터(Route Setter)[*] 자격증도 취득했다. 그러는 사이 큰아들은 운동신경이 떨어져서 몸으로 하는 것보다는 독서나 컴퓨터게임을 더 좋아 했던 동생을 설득하여 수영장을 몇 해 다니는가 싶더니 2년 정 도 어렵게 준비해서 수상인명구조 자격증을 취득했고, 본인이 희망하던 대로 체육교육학 전공으로 대학에도 진학했다.

가족과 함께하는 1시간에 어떻게 보면 조금은 부담스러울 수

....

[*] 암벽등반에서 오르는 길(route)을 개척하고 결정해주는(setting) 사람으로 암벽등반의 난이도를 결정하기도 하고, 암벽등반 대회의 수준을 평가하는 기준을 만들기도 하는 등의 중요한 임무를 맡 게 된다.

도 있고, 또 일상생활에 필요한 시간과 에너지들을 소비할 수도 있는 이러한 활동을 2단계의 과제로 선정하면 좋다고 이야기하는 이유는 무엇일까?

서울대학교 경영대학 교수를 정년퇴임하고 현재는 한양대학교 경영대학에서 석좌교수로 근무하며 여전히 왕성한 강의와 집필활동을 통해 후학들에게 많은 가르침을 주고 있는 한국 경영학계의 구루(Guru) 윤석철 교수께서 들려준 재미있는 이야기가 있다. 중세 유럽을 배경으로 하는 동화책에서 읽은 내용이라는데, 대략의 내용은 다음과 같다.

한 나라에 누구나 봐도 반할 만한 미모를 자랑하는 처녀가 살았다. 어느 날 한 황태자가 와서 "당신이 나와 결혼해준다면 보석이 박힌 왕관은 당신의 차지가 됩니다"라고 청혼을 했다. 하지만 그녀는 결정을 내리지 못했다. 다음 날 한 용감한 기사가 찾아와 "나와 결혼해준다면 우리 가문의 가보인 이 칼이 당신의 것이 됩니다"라고 청혼을 했지만 역시 그녀는 마음을 정하지 못했다. 그 다음 날에는 부유한 상인이 찾아와 "나와 결혼을 해준다면 나의 금괴들 모두가 당신 것이 됩니다"라고 했지만 처녀는 결국 어떠한 결정도 내리지 못하고 아무런 행동도 취하지 못했다. 얼마 후 그녀는 시름시름 앓다가 죽고 말았는데, 죽은 그녀가 묻힌 자리에서 꽃 하나가 피어났다. 꽃봉오리는 황태자가 말한 왕관을, 잎은 기사가 말한 칼을, 뿌리는 상인이 이야기한 금괴를 닮아 있었다. 그 꽃이 바로 튤립(tulip)이다.

윤 교수는 이 이야기를 들려주며 "왜 이 처녀는 마음의 결심을 내리고 '결혼'이라는 행동에 옮기지 못했을까?"라는 질문을 주셨다. 답은 이 처녀는 뚜렷한 목적이나 목표가 없었기 때문이다. 달성해야 할, 반드시 해야 할, 꼭 가져야 할 구체적인 무엇이 없었기에 그녀는 우유부단하게 아무것도 결정할 수 없었고, 결정할 수 없었기에 행동할 수 없었다는 이야기다. 가벼운 동화지만 수십 년간 국내 최고 학부에서 '경영(단순히 기업에 국한된 것이 아닌 사람, 가정, 사회 등을 포함한)'이라는 화두에 대해 고민해온 석학의 고민과 그 고민에 대한 해답의 실마리가 담겨 있는 흥미로운 이야기였다.

동화 속 처녀가 보여준 이러한 목적의식의 부재는 국가나 기업 차원에서 보면 경영 기조나 경영 방향의 혼란, 저성장, 실행력 부재 등의 치명적인 결과를 만들지만, 그에 못지않게 가족들이 모여 1시간을 보내는 상황에서도 쉽게 보이며 또 치명적인 결과를 가져온다. 그 치명적인 결과라 함은 애써 합의하여 마련한 소중한 시간을 흐지부지 낭비하면서 가족과 함께하는 시간을 '무의미한 시간낭비'로 인식하게 되는 결과를 말한다. "가족이랑 함께하는 시간은 별로 재미없어요"라든가 "가족? 소중하지. 근데, 내가 요즘 좀 바빠서" 등과 같은 이야기가 나오게 되는 것이 바로 그 이유에서 기인하는 경우가 많다. 가족이 모이기는 했는데, 뚜렷한 목적의식을 지속적으로 제공해주지 못해서 말이다.

앞서 '어떻게 1시간인가?' 장에서도 언급한 바 있듯이, 가족이 같은 공간에 모여서 함께 시간을 보낸다는 것은 그 자체만으로도 의미 있고 소중한 시간임에는 틀림없지만, 일회성에 그치지 않고 지속적으로 그것을 유지하려면 추가적인 조치가 필요하다. 그래서 1단계에서 뭔가 눈으로 보이고, 만져지고, 다른 사람(또는 가족)에게 보여줄 수 있는 가시적인 산물을 만들어낼 수 있는 과제들을 수행했다면 2단계로는 가시적이지 않더라도 가족과 함께 보내는 시간을 통해 '발전한다'는 느낌을 가질 수 있는 도전과제 또는 단계적으로 '성장한다'는 뿌듯함을 느낄 수 있는 과제들을 찾아보라는 것이다.

1단계 과제를 수행한 가족들의 경우에는 그 과제와 연관되는 것을, 2단계 과제부터 시작하려는 가족들의 경우에는 가족 공통의 관심사로 선정된 과제들과 연관되는 자격증이나 레벨 테스트에 도전하는 것을 2단계의 과제로 선정하는 것이 가장 좋다.

한 생명과학 전문기업의 연구원으로 근무하는 한기수(가명) 씨는 어린 시절부터 미술이 취미였다. 하지만 당시 "환쟁이* 해서는 입에 풀칠도 못한다"던 선친의 반대 탓에 적성에 맞지도 않는 화학공학과로 진학할 수밖에 없었다. 이후 화학공학에서 새로운 즐거움을 발견해 석·박사를 마치고 연구원으로 사회생활을 시작하게 되었다. 하지만 그림을 그리고 싶은 꿈을 버리지 못해 연구원 생활을 하는 틈틈이 직장 내 인포멀(Informal) 그룹에 참여해서 그림을 그려왔고, 같은 직장에서 만나 결혼한 아내와 두 자녀들도 함께 틈틈이 그림을 그리고 있다. 이들 가족은 자연스럽게 가족이 모여 그림을 그리며 시간을 함께 보내는 것에 익숙해지자 새로운 단계에 도전을 했다. 바로 미술치료사가 그것이다. 미술치료사는 그림이나 조형물을 통해 그를 제작한 사람들의 심리상태, 지적 능력 등을 진단하고, 다시 미술작품을 제

* 그림을 그리는 화가, 화원을 비하해서 부르던 비속어.

작하여 함께 감상하고 감상평을 이야기하는 일련의 미술활동을 통해 심리적 상처를 치유하고 지적 능력을 개발하는 등의 활동을 도와주거나 지도하는 전문가를 말한다. 이들 가족은 매주 함께 봉사활동을 가고 있는 대전 지역 모 노인 전문요양시설에서, 요양 중인 치매노인들의 병세 악화를 막기 위해 미술치료사 분들이 주말마다 찾아와서 봉사하는 모습을 보고 자신들도 그 자격증을 취득하기 위한 공부를 시작했다고 한다.

함께 공부를 시작하면서 이들 가족에게는 함께 자유롭게 그림을 그리던 시절엔 느끼지 못했던 또 다른 차원의 무언가가 생기기 시작했다.

한 씨의 가족처럼 1단계에서 설정한 과제가 어느 정도 궤도에 오른 뒤 그간의 경험과 축적된 노하우를 활용하여 뭔가 도전할 만한 자격증이나 미션 등을 찾아내는 것이 일반적인 경우라면 아예 가족과 함께 1시간을 시작하는 단계에서부터 자격증 취득이나 일정한 등급, 급수에 오르는 데 도전하는 가족들도 있다.

영화 수입 및 배급 관련된 사업에 종사하는 정회성(가명) 씨는 한국어를 제외하고도 4개 국어에 능통한 탁월한 어학 실력의 보유자이다. 그가 자녀들에게도 어학 공부를 하는 노하우를 전

수해주고 함께 학습하는 시간을 갖기로 하면서 우선적으로 한 것이 어학시험에 응시하는 것이었다. 아무런 사전 학습 없이 단 몇 개월 함께 공부를 한 뒤 토익(TOEIC) 시험을 치른 결과 정 씨와 그의 일본인 부인의 경우 상당한 고득점을 받았지만, 중학생이던 두 자녀는 당연히 극히 저조한 점수를 받을 수밖에 없었다. 그런데 그 결과가 자녀들의 학습 의욕을 자극했다.

그 전까지 공부 좀 하라고 다그치며 아무리 손목을 끌어다가 책상 앞에 앉혀도 10분이 멀다 하고 방문을 열고 드나들던 아이들이 적어도 가족이 모두 함께 영어 공부를 할 때만은 달랐다. 물론 다른 공부를 할 때는 여전히 들썩들썩했지만…. 두 살 터울이 나는 형제가 서로 경쟁을 하며 형은 어린 동생보다 점수가 더 적게 나올까봐, 동생은 한 번이라도 형을 이겨보려고 눈에 불을 켜고 토익 공부를 하기 시작했다는 것이다. 원래는 저녁에 한두 시간 정도 가족끼리 모여 앉아 영어회화 공부도 하고, 정 씨가 회사에서 가져온 외화 대본도 함께 읽는 시간을 가지려 하면서 아이들을 자극하려고 영어시험을 보게 한 것이었다. 그런데 하루 이틀 가족이 함께 공부하면 그 다음 달 시험에서 나은 결과를 얻게 되는 모습을 경험하면서 가족들은 더더욱 가족과 함께하는 시간을 보람되게 여기며 열심히 동참하게 된 것이다. 현재 이 책을 쓸 무렵 정 씨 가족의 영어 공부는 어느 정도 궤도에 올라, 각자 원하는 제2외국어를 하나씩 골라서(당연히 해당 외국어 수준을 측정할 수 있는 시험도 정해서) 함께 모여 공부하고 시험을 보러 다닌다고 한다.

이처럼 가족이 함께 시간을 마련해서 무언가를 하려고 과제를 선정할 때 가족 모두의 목적의식이 살아나고 발전하는 모습을 눈으로 확인할 수 있으며, 그렇게 한 결과 다른 사람으로부터 인정받을 수 있는 자격이나 등급을 취득할 수 있는 것들을 선택하여 실행하면 좋다.

FAMILY
THEME
BOX

Step 2 ♥ 발전의 모습이 남는
1시간을 위한 테마들

● 가족과 함께 자격증에 도전하라

가족과 함께하는 시간에 도전한 과제에 어느 정도 익숙해졌다면 자격증에 도전해보자.

과거에는 시설과 장비 등의 문제로 소수의 성인 남성들만 취득할 수 있었던 다양한 자격증을 이제는 열정과 의지만 있으면 남녀노소 누구나 취득할 수 있게 되었다. 가족이 함께 도전하고 취득할 수 있는 자격증 중 대표적인 것으로는 스킨스쿠버나 요트, 조정 등 취미활동의 연장선상에서 취득할 수 있는 자격증이 있다. 또 취미는 아니지만 실용적인 목적으로 도전해볼 만한 자격증으로 응급구조사, 레크리에이션 지도사, 사회체육지도자 자격증 등이 있다.

또 부모 세대의 컴퓨터 활용능력을 향상시키고, 자녀들에게 올바른 컴퓨터 사용습관을 가르치려는 목적으로 컴퓨터 사용과 관련한 공인 자격증 취득 공부를 함께하는 가족들도 많아지고 있다. 더 나아가 자녀들에게는 조금 이른 감이 없지 않지만, 다양한 분야의 전문 자격증 취득을 위한 공부를 함께하기도 한다.

● 가족과 함께하는 경쟁 속에 스코어가 높아진다

가족과 함께하는 1시간 동안 가족 간의 선의의 경쟁을 통해 개인의 발전을 나타내는 척도인 스코어나 레벨을 높이는 활동을 해보는 것도 좋다.

가장 대표적인 것으로 영어(TOEIC/TOEFL/IELTS 등), 일어(JPT), 중국어(HSK) 등의 어학시험에 도전하여 스코어를 취득하는 경쟁을 해보자. 함께하는 경쟁 속에 학습 의욕도 높아지고 공부 효율도 높아질 수 있다.

이외에도 동양문화권에서 필수적인 한자지식을 측정하는 한자능력검정시험, 한류열풍을 따라 세계 주요 언어의 반열로 올라서고 있는 한글의 활용능력을 측정하는 한국어능력시험(TOPIK) 등 가족이 함께 공부하고 도전하여 시험을 치른 뒤 그 점수를 갖고 경쟁해보는 것도 매우 즐거운 시간이 될 과제들이다.

이러한 언어시험 외에도 최근 경제지식의 중요성이 높아지면서 경제이해력인증시험(TESAT)도 각광을 받고 있으며, 대한민국의 역사에 대한 이해도를 측정하는 한국사능력검정시험도 가족이 함께 도전하는 즐거움과 새로운 것들을 함께 배운다는 즐거움을 동시에 경험해볼 수 있는 좋은 과제이다.

이외에도 가족과 1시간을 활용하여 자격을 취득하거나 점수를 따는 등 가족의 이력에 남을 만한 성과를 남길 수 있는 다양한 활동들이 많다.

3단계: 나눔과 베풂이 있는 1시간

1, 2단계를 통해 가족이 한자리에 모여 함께 시간을 갖고 그를 통해 자기 자신은 물론 가족 전체가 성장하고 발전하며 서로 간의 정이 더 돈독해지는 경험을 충분히 했다면 마지막으로 선택할 수 있는 과제는 '나눔과 베풂을 위한 과제'이다.

경영학의 구루, 현대 경영학의 아버지로 불리며《매니지먼트(Management)》,《넥스트 소사이어티(Next Society)》등의 명저를 지은 경영학자인 피터 드러커(Peter Drucker) 교수는 "자기계발의 최종 단계란 무엇입니까?"라는 질문에 '다른 사람의 성공을 돕는 것'이라고 말한 바 있다. 즉 우리가 늘 추구하는 자기계발의 가장 정점이자 최종의 목적으로 추구해야 할 모습은 나만 성공하는 것이 아니라 나의 성공을 바탕으로 내 주위, 내가 살고 있는 사회, 내가 살아가는 동시대인들이 성공하고 발전하도록 도와주는 것이라는 말이다.

마찬가지로 가족이 함께하는 성장과 발전의 시간에 목표로 할 마지막 과제는 가족들이 함께 만들어왔던 것(능력, 자격, 작품 등)들을 함께 사회를 구성하고 있는 다른 사람, 다른 가족들과 나누고, 어려운 이웃에게 베푸는 것들을 선택하는 것이 좋다.

국내 굴지의 전자회사에서 한국마케팅을 담당하는 부서에 근무하는 박진섭(가명) 차장 가족의 취미는 손뜨개질이다. 처음에는 아내 혼자 태교 차원에서 배웠던 것인데, 그 모습을 옆에서 지켜보다가 박 차장도 손뜨개질에 재미를 붙이게 되었고, 딸 역시 초등학교에 들어가자마자 엄마가 쓰던 코바늘을 들고 어느새 간단한 머플러를 짜고 있었다. 이들 가족은 저녁식사를 마치고 거실에 앉아 함께 뜨개질하는 것이 낙이었다. 그렇게 몇 년이 지나 박 차장의 아내는 몇몇 협회에서 주관하는 손뜨개 강사 자격증을 취득할 수 있었다. 그러나 이들 가족은 거기에서 그치지 않았다. 가장 먼저 의견을 낸 이는 초등학교 5학년인 딸이었다.

엄마와 함께 커피숍에 갔다가 아프리카 빈민국에서 저체온증으로 죽어가는 신생아들에게 직접 짠 모자와 목도리를 보내주는 이벤트를 본 모양이었다. 걸작을 만들겠다며 온갖 기교를 다 부려서 어렵게 절반 정도 완성시킨 조끼를 팽개쳐두고 아기들을 위한 모자를 뜨기 시작했다. 그 모습을 기특하게 여긴 아내와 박 차장도 잠시 짜고 있던 것들을 멈추고 아프리카로 보낼 모자를 짜기 시작했다. 이후로 그들은 다시는 자신들이 입을 옷이나 머플러를 짜지 않았다. 그들이 정성 들여 짠 목도리와 장갑 등은 마을에 홀로 사시는 독거노인 분들께 가져다드렸고, 솜씨가 탁월한 엄마가 짠 것들은 바자회나 협회 행사에 출품하여 그로 인한 수익금은 불우이웃돕기 단체에 기부하기도 했다. 그들이 가족과 함께하는 1시간 혹은 그 이상의 시간 동안 한 일들의 결과물은 그들 수중에 없고 나중에라도 들춰서 볼 수 없지만, 그들은 가족과 함께 만들어낸 것들이 다른 사람에게 전해질 때의 감사와 감동의 표정만으로도 충분히 보람을 느꼈다. 그래서 오늘도 저녁 밥상을 물리고는 거실 한가운데 모여 앉아 코바늘을 집어 든다.

이처럼 가족과 함께하는 1시간의 목적, 과정 또는 결과를 가족 내부에서 가족 외부로 확대하는 것에는 많은 장점이 있다. 앞서 이야기했던 것처럼 가족만의 모임에서 오는 매너리즘을 극복하게 해주고, 가족 구성원 중 특히 자녀들의 사회성 부족 우려를 해소해줄 수 있으며, 다소 편협해 질 수 있는 가족의 시각을 넓혀 줄 수도 있다. 더불어 가족 구성원 모두에게 자신들이 갖고 있는 시간, 그 시간에 하고 있는 일들에 대한 당위성과 자부심, 그리고 자신감을 줘서 보다 오랫동안 계속할 수 있도록 도와준다.

미국 워싱턴 주 시애틀에 거주하는 재미교포 한의사 박창연

(가명) 씨 가족의 취미는 캠핑이다. 가족 모두가 함께 캠핑카를 타고 차로 3시간 반 가까이 걸리는 자연림으로 가서 1박2일 또는 2박3일간 캠프를 하는 것이 이들 가족의 가장 큰 취미이자 즐거움이었다. 이들 가족은 두 주에 한 번 정도 떠나는 캠핑뿐만 아니라 평상시 저녁에도 자주 바비큐를 구워 먹는다거나 캠핑 용품을 손질하면서 함께 시간을 보내왔다. 그러던 박 씨는 최근 2년 전부터 한 달에 한 번 정도는 가족은 물론이고 큰아들의 가장 친한 친구 2명과 함께 캠핑을 떠나고는 한다. 처음에는 주말마다 가족들과 캠핑을 가거나 그 준비를 위해 시간을 보내다 보니 친구들과 어울릴 시간이 없다는 아들의 푸념으로 시작되었다. 그렇게 떠난 어느 날 저녁 아들 친구들과 나눈 대화를 통해 아들이 한국 국적 유지와 군입대, 대학 진학과 전공 선택 등의 문제를 두고 심각하게 고민 중이라는 이야기를 들을 수 있게 된 뒤로 종종 자녀 친구들과 함께하는 캠핑을 떠나고 있다.

분당에 거주하는 현직 치과 의사인 이창수(가명) 씨는 조금 다른 형태의 가족과 함께하는 1시간의 확장을 해왔다. 이창수 씨는 지역 내에서 친절하고 실력 좋은 의사로도 명성이 자자하지만, 오래전부터 치과 병원이 없는 국내외 오지에 가서 무료 진료를 통한 봉사활동을 하는 데 앞장서 왔다. 그는 자신의 이러한 봉사활동에 가족들과 함께하는 시간을 접목시켰다. 평상시에는 매일 한 차례씩 갖는 가족 기도모임에서 그러한 오지에 사는 이들을 위해 기도를 올리고, 방학이 되면 가족 모두 베트남이나 네팔 등에 가서 아빠인 이 씨는 하루 12시간 이상씩 꼬박 그들을 진료해주고, 자녀들은 아이들과 놀아주거나 마을 청소를 하는 등 봉사활동을 한다. 그런 활동을 통해 가족 간의 정이 더더욱 돈독해지는 것은 물론, 서울에서 나고 자라 조금은 나약하고 새침데기 같았던 자녀들이 누구와도 쉽게 친해지고 어떤 환경에도 금세 적응하는 강인한 아이들로 거듭날 수 있었다고 한다.

이외에도 취미로 한 그림 그리기에서 발전하여 미술치료사 자격증을 따고, 그렇게 취득한 자격증을 활용하여 미술활동을 통해 치매노인의 증세 악화 방지를 위한 봉사활동에 매진하고 있는 가족도 있고, 성당의 성가대 활동으로부터 시작해 전문 합창단 수준의 실력을 갖추고 교정기관에 정기적으로 위문공연을 다니고 있는 가족도 있다.

최종현 씨 가족은 가족과 1시간에 영어 공부를 시작한 지 얼마 되지 않아 아직 그러한 수준에까지 이르지는 못했지만, 영어 실력이 어느 정도 궤도에 오르면 엄마는 배움이 짧은 할머니들을 대상으로 한 노인학교에서, 큰딸은 어려운 소년소녀 가장들이 다니는 야학에서 영어를 강의하기로 했다고 한다.

이처럼 가족과 함께하는 1시간의 최종 목적을 단순히 가정의 화목과 그를 바탕으로 한 성공이 아니라, 가족 범위의 확대를 통해 살고 있는 시대와 사회에 기여할 수 있는 '멋진 가족이 되는 것'을 목표로 삼는 것이 좋다.

Step 3 ♥ 나눔과 베풂이 있는
1시간을 위한 테마들

● 배운 내용을 활용하여 함께 나누는

아무리 사소한 것이라도 괜찮다. 가족이 함께한 시간의 결과를 다른 누군가를 위해 사용한다는 것만으로도 가족 구성원의 자부심과 동참 의식, 특히 자녀들의 도덕성 함양과 사회성 증진에 큰 효과가 있다.

음악이나 미술에 관심이 많은 가족이라면, 그러한 활동을 통해 심신 이 허약한 사람이나 치매노인, 장애아동 등의 치료활동을 도울 수 있 는 음악치료사나 미술치료사 등의 자격을 취득하여 지역 복지관이나 요양시설 등에 가서 봉사활동을 해도 좋다.

작품활동을 함께하는 취미를 갖고 있는 가족이라면, 일정 기간 작 품활동을 한 뒤 그 작품을 직접 기부하는 방식으로 주위와 나누는 기 쁨을 누려보는 것도 좋고, 더 나아가 가족 단독의 전시회나 작품 바자 회를 열어 그 수익을 가지고 가족 공동 명의로 주변의 어려운 이웃에 게 기부하는 방법도 있다.

다양한 교육적 기회가 늘어나고, 그를 위한 기관들이 충실하게 운영되고 있음에도 불구하고 아직도 교육적 기회를 누리지 못하는 교육 소외계층들이 많다. 그런 이웃들을 위해 가족이 함께 학습한 내용을 가르쳐주는 야학이나 공부방 교사로 함께 활동해보는 것도 가족 모두의 성장과 특히 자녀들의 인성발달에 큰 도움이 된다.

● 남을 사랑하는 따스한 마음가짐을 함께 나누는

봉사활동 점수가 중·고등학생들이 상급학교를 진학하거나 좋은 생활기록부 내용을 만들기 위한 필수적인 요소가 되면서, 봉사활동 경험이 일반화되었다는 긍정적인 면은 있으나, 반면 진짜 마음에서 우러난 진정한 봉사활동은 오히려 줄어들었다는 이야기도 들려온다. 그럴 때 부모가 먼저 자녀의 손을 이끌고 진심에서 우러나는 봉사활동 참여를 가족이 함께하는 시간의 과제로 선택해보자.

평일보다 주말에 장기간 시간을 확보하는 것이 유리한 가족들은 직접 봉사가 필요한 단체(보육시설, 요양기관, 치료시설 등)를 방문하여 땀 흘리며 남을 위해 봉사하는 기쁨을 누려보는 것도 괜찮다. 각 지역별 자치단체의 홈페이지에서 봉사의 손길이 필요한 단체를 검색하여 방문할 수도 있고, 정부에서 운영하는 1365 자원봉사포털(www.1365.go.kr)을 들어가 보면 거주지역에서 가까운 곳에 위치한 봉사가 필요한 단체 등을 검색하고 봉사참여 신청을 할 수 있다.

장시간 봉사활동에 참여하기 힘든 대신 날마다 일정 시간을 투자해서 다른 사람과 함께 나누는 기쁨을 느끼고 싶은 가족은 하루에 한 시간 정도씩만 투자해서 할 수 있어 최근 전 세계적으로 유행하고 있는 마이크로 자원봉사(Micro Volunteering)에 도전해보는 것도 좋다.

　대표적인 마이크로 자원봉사에는 맹인들을 위한 음성책 제작을 위한 책 낭독 자원봉사나, 손뜨개질을 하여 제작한 모자나 목도리를 저개발국의 신생아들에게 보내는 세이브더칠드런(Save the children) 활동, 불우한 환경에 처한 어린이나 청소년 또는 교정기관에 있는 기결수들에게 용기와 위로를 주는 편지를 보내는 러브레터링(Love Lettering) 등 많은 노력을 기울이지 않고서도 충분히 보람과 즐거움을 찾을 수 있는 다양한 활동들이 있다.

● 가족의 범위 확대를 통해 함께 나누는

　가족과 함께 보내는 시간은 가족 간의 정을 돈독하게 하는 장점은 있지만, 한창 사회성을 기르고 또래집단을 만들어야 할 청소년기 자녀들에게는 혈연집단 내 생활만을 경험하게 하여 지나치게 폐쇄적이고 편협한 인간관계 속에 고립될 우려가 있다. 또, 가족 단위에서 다룰 수 있는 과제들로만은 한계가 있어 다양한 형태로 모임의 범위를 확대할 수 있는 과제를 다뤄보는 것도 좋다.

　대표적인 사례가 자녀의 친구들과 함께 떠나는 캠핑 활동이다. 평상시 캠핑을 위한 준비와 학습은 가족끼리 하되, 일정 기간마다 한 번씩 가족 구성원 중 한 명의 친구와 함께 캠핑을 떠나보자. 혹은 캠핑을 가고 싶으나 가정형편상 또는 가족구조상(연로한 어른을 모시고 사는 등) 떠나기 어려운 친구를 캠프에 초대해 함께 즐기는 것도 좋은 방법이다.

한국에서는 아직 정착이 많이 안 되었는데, 부모가 자녀와 자녀의 친구들이 주축이 되는 스포츠 팀을 후원하고 그 팀의 감독이나 트레이너가 되어보는 것도 좋다. 단순히 가족끼리 스포츠를 즐길 때보다 훨씬 더 즐겁고 다양한 것들을 경험해볼 수 있을 것이다.

이외에도 다양한 사회적 이슈(정치제도, 사회시스템, 환경문제 등)에 관심을 갖고 그들 중 하나를 선정하는 방법을 통해 가족 위주의 관점에서 그 범위를 확대해나가는 것도 한 방법이 되겠다.

Part 5

그래, 나에겐
가족이 있었어!

여보,
우리 이혼하자

많은 분들이 예상은 하겠지만, 나처럼 직장생활을 하면서 공부를 하고 책을 쓰는 일을 동시에 한다는 것은 일반적으로 상상하는 것보다 훨씬 더 많은 노력과 고통을 수반하는 작업이다.

'직장에는 적(籍)만 걸어놓고, 내가 하고 싶은 일을 하겠다'라는 간 큰(회사 입장에서 솔직하게 얘기하자면, 완전 도둑놈 심보의 양심 없는) 사람이 아닌 이상 내가 몸담고 있는 조직과 맡고 있는 업무를 절대로 등한시하지 않으면서, 다른 일을 하는 사람이 되기 위해서는 다른 이들이 여흥, 휴식, 수면이라는 이름으로 소비하는 시간들을 최소화·최적화해야 했다.

직장생활을 하면서 공부를 하고 책을 내겠다는 결심을 하게 된 이후 내가 잠자리에 드는 시간은 평균 새벽 1시에서 2시 사이가 되었으며, 기상시간은 새벽 4시에서 5시가 되었다.

무언가를 할 수 있는 시간만 확보해서 될 일이 아니었다. 그 시간을 제대로 활용할 수 있도록 머리만이 아니라 온몸의 근육과 그를 구성하는 세포들이 기억하도록 삶에 어떤 습관을 들여야 했다. 내 몸이 '나는 공부하는 인간'이라고 기억할 수 있도록 '공부하는 습관'이라는 것을 의도적으로 만들어갔다. 퇴근을 하고 회식이나 모임이 있어서 술을 마시고 들어온 날에도 버릇을 들이기 위해 책이나 자료를 무조건 단 몇 줄이라도 읽고 자는 것을 원칙으로 했다. 그러다 보니 오랜만에 만나 뵌 선배와의 술자리에서 대취한 다음 날 아침 눈을 떠보니 입은 옷 그대로 서재 바닥에 누워 있는데 오른손에 자그마한 문고판 책이 쥐어진 채였던 적도 있다.

습관만 들이는 것으로는 부족했다. 환경 또한 나에게 최적화시켜야 했다. 내게는 사회 원로들 같은 삶의 경륜도 없었고, 대학교수들 같은 학식도 없었다. 어떤 분야에 대해 관심이 있으면 스스로 묻고, 책에서 찾아 공부를 해야 했고, 책을 쓰고 싶으면 쓰려고 하는 내용의 수백 배 정도 되는 분량의 글들을 찾아 읽어야 했다. 아무리 잘 알고 있는 내용이라도 다시 그를 책으로 쓰기 위해서는 집필을 하는 기간 동안 해당 분야의 책을 찾아

읽어야 했는데, 나중에 계산해보니 그 분량은 책 한 권을 쓸 때마다 평균적으로 약 246.2권 정도가 되었다. 완독해야 하는 책들은 매주 2~3회 정도 들르는 시중 서점에서 구입을 해 읽었고, 부분 참조할 책들은 집 근처에 있는 국립중앙도서관과 일반인들을 대상으로 방문 열람 및 인터넷 검색까지 가능하도록 시스템이 잘 구축되어 있는 국회도서관에서 빌려 읽었다. 그 많은 책들을 짧은 기간에 읽으려면 방법이 없었다. 어딘가를 갈 때면 직접 운전을 하지 않고 대중교통을 이용해서 다른 사람들이 DMB폰을 보거나 스마트폰으로 카카오톡을 하며 시간을 보내는 동안 나는 단 몇 페이지라도 책을 보고, 킨들(Kindle)*로 다운받아 둔 자료를 읽고, 그러다 인상 깊은 구절이나 생각난 착상들은 휴대폰 메모장에 입력하느라 눈코 뜰 새 없이 바빴다.

한 번에 한 권의 책을 읽는 것이 아니었다. 동시에 10권에서 20권의 책을 읽는 것이 습관이 되었다. 화장실에는 잡지, 간단하게 읽을 수 있는 에세이나 만화 류의 책들을 두고, 출퇴근 시 들고 다니는 가방에는 조금 진지하게 읽을 만한(대신 딱히 메모해 두거나 필기할 만한 내용이 없는) 책들로 한두 권 챙겼다. 무엇보다

....

* 아마존(Amazon.com)의 전자책들을 다운받아 읽을 수 있는 이북(e-Book) 리더(reader).

(영어 원서이긴 하지만) 수십 권의 책을 넣고 다닐 수 있는 킨들이 큰 도움이 되었다. 집필을 하는 책상 위에는 집중해서 읽어야 할 '어려운 책'들을 배치했다. 사무실 책상에는 점심식사 후나 잠시 짬이 날 때 읽을 만한 책들을 두었다. 무엇보다 사무실에서 읽을 책들은 내가 직장에서 맡고 있는 업무와 최대한 연관성이 있을 만한 책들로 선택했다. 직장 내에서 내가 보내는 여가시간, 쉬는 시간에 읽는 책이라 할지라도 뭔가 회사에 기여할 수 있는 것들을 읽을 때 마음이 더 편안해지며 글을 읽는 능률도 높아지는 것을 경험했기 때문이었다. 이렇게 읽으면 하루에 얼마나 읽는지는 모르지만, 열흘에 10권을 읽을 수는 있었다. 신기하게도 하루에 한 권씩 읽기는 힘든데, 열흘에 10권은 가능한 것이다. 얼마 전 이와 비슷한 내용으로 책까지 낸 이가 있었다고 하는데, 나는 그 책이 나오기 10년쯤 전부터 이러한 독서를 계속해오고 있었다.

주중 시간도 마찬가지였다. 개인적으로 참여해서 활동하고 있는 모임이 10개가 넘었다. 그중에는 단순히 친목을 위해 참여하는 모임도 있었지만, 상당수의 모임은 무언가 배우고 경험하기 위해 활동하는 것들이 대부분이었다. 그 외에 개인적인 친분 및 뭔가 배우고 얻기 위해 개별적으로 찾아뵙는 분들과의 만남까지 합치면 일주일에 저녁시간이 5일이 아니라 50일이 되어도 모자랄 지경이었다. 그 모든 것이 내가 정말로 좋아하는 일이고 내가 하고 싶은 일이기에 가능했었던 듯하다.

몇 해 전의 일이다.

그날도 회사 업무를 마치고 아는 분의 출판기념회에 참여했다가 자정이 다 될 무렵 귀가해서 샤워를 한 뒤, 마무리 짓지 못한 원고를 손보는 작업을 하고 며칠 뒤로 다가온 강연의 강의자료 준비를 하기 위해 서재 책상에 앉았다. 그런데 아내가 잠시 이야기 좀 하자는 것이었다.

목소리가 일상적인 가사를 상의할 때의 그 목소리가 아니었다. 결혼 후 처음 들어보는 냉랭하기 이를 데 없는 목소리였다.

그리고 뒤이어 나온 이야기.

"오빠, 우리 헤어지자."

이 무슨 청천벽력 같은 이야기란 말인가? 내가 허투루 산 사람도 아니고, 몹쓸 술버릇이 있거나, 어디서 도박을 한 것도 아니고, 외도를 하지도 않았으며, 결혼하자마자 모든 경제권을 전적으로 아내에게 맡긴 뒤 신용카드 한 장 받아서 써오고 있는 내가, 내가 왜 도대체 이런 이야기를 들어야 하는가? 분노나 짜증보다는 황당함이 앞섰다. 하지만 진지한 아내의 이야기를 끝까지 다 듣는 순간 나는 그녀의 이야기에 고개를 끄덕이며 모든 것을 수긍하고 말았다.

'그래, 내가 잘못했다.'

어?
뭐가 잘못된 거지?

　사실 그 자리에서 바로 이렇게 쿨(cool)하게 모든 것을 수긍하고 인정한 것은 아니었다. 그런 이야기를 처음 들었을 남자라면 모두들 느꼈을 법한 분노와 당혹감에 한동안 사로잡혔다가 새벽녘 동이 터올 무렵에야 뭔가 깨닫듯 느끼는 바가 있었다. 그러고는 아내에게 잠시 생각할 시간을 좀 달라고 부탁한 뒤, 출판사 분들과 작업하기로 약속해두었던 이 책의 첫 페이지를 시작했다.

　이 책을 만들기 위해 '가족이란 무엇이며, 성공하는 가족에게 필요한 원칙은 무엇인지'에 대한 공부부터 시작했다. 가족, 가정, 가훈, 부부생활, 자녀교육, 성공적인 가정생활 등의 키워드를 정해놓고 역시나 그래왔듯이 그에 관한 수많은 책들과 논문들을 찾아서 미친 듯이 읽기 시작했다. 또, 주변의 지인들에게 부탁하여 나와 같은 경험을 하고 그를 극복했던 수십 명의 가장들과 가족들의 사례를 수집하고 직접 그 가정을 방문하거나 가장들과 인터뷰 등을 하면서 그들의 이야기를 들었다. 얘기를 들으며 단순히 그것을 학문적으로 이해하고 글로만 적으면 안 될 거라는 생각에 하나씩 내 스스로 직접 실천해보기로 했다. 나 혼자에게만 적용할 경우 단순히 개인적인 경험으로 끝날 수도 있으리라는 우려에 다른 몇몇 가족들에게도 정리된 내용을 전파하고 직접 실험해보도록 하고 그 결과를 정리하기로 했다.

그 결과, 자료들이 하나 둘씩 정리되기 시작했다. 결과는 충격적이었다.

내가 아내라도 당연히 '이혼하자'는 말이 나올 만했다.

무슨 문제가 있었을까?

우리는 일반적으로 가족·가정을 일반 사회적인 이론들과는 별개의 무슨 종교와도 같은 형이상학적인 존재로 인식하는 경우가 대부분이다. 그러다 보니 가족·가정은 일반 경영학에서 이야기하는 팀이나 회사조직과는 전혀 상관이 없는 조직으로 인식하기 십상이다. 하지만 경영학이라는 것은 단순히 회사를 잘 운영해서 실적을 내는 것에만 국한된 학문이 아니라 가정을 포함한 인간사 모든 조직과 그 조직의 일에 적용할 수 있는 학문이다. 경영학이라는 그 핍홀(peep hole)*을 통해 우리 가정을 살펴보니, 제대로 갖춰진 것이 하나도 없었다.

비전은 있었으나 가족 구성원 한 명 한 명 따로 자신만의 비전을 갖고 있었고, 누구도 상대방의 비전이 무엇인지 제대로 알지 못했다. 그러다 보니 우리 가족 전체의 비전 또한 없었다. 당연히 한 조직 공통의 행동 원칙이랄까, 전략 또는 조직문화가 될 우리 가족만의 그 무엇이 없었다. 성공하는 가족의 가정에 공통적으로 있는 '가훈' 혹은 그 가정만의 '원칙'이 우리 집에는 없었다는 얘기였다. 마지막으로, 가족 구성원 모두가 저마다 자신의 자리에서 최선을 다해 때로는 탁월한 성과를 거두며 살고는 있었지만, 그런 성과를 함께 공유하고 서로 인정하고 인정받으며 상생할 수 있는 절대적인 '시간'이 부족했다.

가족·가정이라는 이름으로 마치 절대적인 조직, 본질적인 조직 단위인 것처럼 살고는 있었지만, '조직'이라고 하기에 필요한 최소한도의 공유조차 일어나고 있지 못한 것이 나의 가정의 모습이었다. 그에 대한 뼈저린 반성과 회복에 대한 굳은 의지를 바탕으로 이 책은 지어졌다.

....

* 문 가운데 뚫린 구멍으로, 그를 통해 외부인을 바라볼 수 있다. 일반적인 사람들은 자신만의 사고체계·경험·학식 등을 바탕으로 제작된 시선, 일종의 핍홀로 외부 세계를 받아들이고 인식한다.

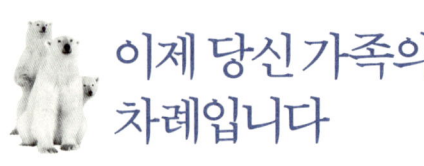

이제 당신 가족의
차례입니다

물론 이 책을 읽는 여러분은 사정이 훨씬 더 나을 수도 있다. 보다 많은 시간을 가족과 함께 보내며 따뜻한 정을 나누고 뜻 깊은 기억들을 함께 만들고 있을 수도 있다.

하지만 앞서 여러 가지 예를 들어 설명했던 것처럼 단순히 잘난 개인 한 명이 타고난 자신만의 역량으로 무언가를 이루기란 정말 어려운 세상이 되었다. 대신 상호 간의 네트워크(network)와 커넥트(connect)를 통해 공동의 지식 또는 지혜를 만들어내고 그를 통해 성장과 발전을 추구해나가는 것이 일반적인 모습이다. 그리고 너무나 당연한 얘기지만 그러한 네트워크, 커넥트, 관계 맺음, 상호작용의 가장 기본이 되는 단위는 가족이 될 것이다. '개천에서 용이 나는' 시대는 이제 지났다고 하지만, 그 개천의 구성원이 어떤 역할을 하고 서로 어떠한 관계를 형성하여 상호작용을 하느냐에 따라 '용을 만들어낼 수도 있는' 시대라는 얘기다.

이 함수를 다시 한 번 명심하자.

$$F(s)=\Sigma pA \times fH$$

물론 가족 개개인이 저마다 맡은 자리나 하고 있는 일에서 최선을 다해 자기 스스로의 능력(pA)을 키우고 그를 사회로부터 인정받는 것이 기본적으로 가장 중요하지만, 가족 모두가 진정으로 성공하려면 그러한 개개인의 가족들이 함께 모여 흉금을 터놓고 대화하고, 서로 부족한 부분을 채워주고 격려하며 서로가 서로를 이끌어주고, 밀어주는 그러한 발전적인 시간(fH)을 갖는 것이 다른 무엇보다도 더 중요하다.

힘들 때, 무언가 잘 안 풀릴 때, 그리고 외로울 때 "그래, 나에겐 가족이 있었지!"라고 말할 수 있는 사람과 그렇지 못한 사람은 비교할 수 없을 만큼 큰 차이가 날 수밖에 없다.

이제 더 이상 그냥 평범한 개천에서 용은 나지 않는다. 하지만 가족 모두가 어떤 개천을 만드느냐에 따라 그 개천은 태어난 형제자매마다 용이 되는 등용문이 되기도 하고, 능히 용이 될 수 있었던 인재들을 이무기로 머물게 만드는 시궁창이 되기도 한다.

자, 이제 책을 덮고 오늘 당장 가족회의를 소집해보자.

가족이 한자리에 모여 좀 더 멋진 미래를 위해 서로의 시간을 조금씩 추렴하여 소중한 시간을 만들어보자.

그렇게 만들어낸 그 시간이 가족들에게 잊지 못할 추억, 함께 성장한다는 보람, 뿌듯한 성취의 기쁨을 주는 마법 같은 시간이 될 것이다.

이제 당신 가족의 차례이다.

참고 서적

강선미 외, 《가족철학: 남성 철학과 여성 경험의 만남》, 이화여대출판부, 1997.
권용혁 외, 《한중일 3국 가정의 의사소통 구조 비교》, 이학사, 2004.
김덕삼 공역, 《중국의 전통 가정교육》, 경인문화사, 2005.
김미경, 《가족이 힘을 합하면 무엇이든 이룰 수 있다》, 명진출판, 2009.
김혜경, 《식민지하 근대가족의 형성과 젠더》, 창비, 2006.
데이비드 엘킨드, 《변화하는 가족: 새로운 가족 유대와 불균형》, 이화여자대학교출
    판부, 1999.
로버트 댈럭, 《케네디 평전》, 푸른숲, 2007.
루스 실로, 《유태인의 천재교육 53》, 작은키나무, 2006.
리처드 탈러, 《넛지: 똑똑한 선택을 이끄는 힘》, 리더스북, 2009.
미리엄 와이스타인, 《가족식사의 힘: 부부와 자녀의 미래를 바꾸는》, 한스미디어,
    2006.
미셸 하웨이, 《남성의 폭력성에 관하여》, 이화여대출판부, 2002.
박영규, 《한 권으로 읽는 조선왕조실록》, 웅진지식하우스, 2004.
박희준, 《세계의 자녀교육》, 서원, 1993.
방현철, 《부자들의 자녀교육》, 이콘, 2007.
보니 엔젤로, 《대통령을 키운 어머니들》, 나무와숲, 2001.
빅터 고어츨 공저, 《세계적 인물은 어떻게 키워지는가》, 뜨인돌, 2006.
사이쇼 히로시, 《아침형 인간: 인생을 두 배로 사는》, 한스미디어, 2003.
사이토 요시노리, 《맥킨지식 사고와 기술》, 거름, 2003.
서울대학교 인구 및 발전문제 연구소, 《한국인의 가구 및 가족유형》, 통계청, 1993.
손인주, 《한국인의 가정교육》, 문음사, 1991.
스테판 폴터, 《모든 인간관계의 핵심 아버지》, 씨앗을뿌리는사람, 2007.
신명호, 《조선 왕실의 자녀교육법》, 시공사, 2005.
신용하 외, 《21세기 한국의 가족과 공동체 문화》, 지식산업사, 1996.

신인철, 《토요일 4시간》, 리더스북, 2011.

엘리자베트 벡·게른스 하임, 《가족 이후에 무엇이 오는가?》, 새물결, 2005.

여성한국사회연구회, 《가족과 한국사회》, 경문사, 1995.

오오마에 마사오미, 《케네디가의 인간학》, 청년정신, 2004.

왕징룬, 《중국의 황태자교육》, 김영사, 2007.

윤석철, 《삶의 정도》, 위즈덤하우스, 2011.

윤소영, 《가족여가 활성화를 위한 정책 방안 연구》, 한국문화관광연구원, 2008.

이덕일, 《살아있는 한국사》, 휴머니스트, 2003.

이시하로 신타로, 진웅기 옮김, 《일본인의 자녀교육》, 민예사, 1995.

이시형, 《공부하는 독종이 살아남는다》, 중앙북스, 2009.

이용태, 《인성교육 성적보다 먼저다》, 에디터, 2007.

이종원, 《세대 간 가족의식 비교조사》, 한국청소년정책연구원, 2011.

이호철, 《맥킨지식 문제해결 로직트리》, 어드북스, 2009.

장승규, 《존경받는 기업 발렌베리가의 신화》, 새로운제안, 2006.

전혜성, 《섬기는 부모가 자녀를 큰 사람으로 키운다》, 랜덤하우스코리아, 2006.

존 바네스, 《케네디 리더십》, 마젤란, 2006.

최성, 《북한정치사: 김정일과 북한의 권력엘리트》, 풀빛, 1997.

최효찬, 《세계 명문가의 자녀교육》, 예담, 2006.

칼 비테, 《칼 비테의 자녀교육법》, 베이직북스, 2008.

프랑크 쉬르마허, 《가족 부활이냐 몰락이냐》, 나무생각, 2006.

피터 드러커, 《피터드러커-Management》, 청림출판, 2007.

필 맥그로, 《위대한 가족을 만드는 7가지 원칙》, 시공사, 2005.

한국여성연구원, 《한국의 근대성과 가부장제의 변형》, 이화여자대학교 출판부, 2003.

金城子, 《家族という係》, 岩波書店, 1985.

Jim Collins, *Good to Great-Why some companies make the leap and others don't*, HarperBusiness, 2001.

Peggy Charren, Martin W. Sandler, *Changing channels-Living sensibly with Television*, Addison Wesley, 1983.

SBS스페셜제작팀, 《밥상머리의 작은 기적: 내 아이의 미래를 결정짓는 밥상머리 교육의 비밀》, 웅진씽크빅, 2010.

참고 문헌

김봉호, "내무부, 연좌제 폐지"(동아일보 1981년 3월 24일자), 동아일보사, 1981.

김용순·이준재, "가족 친화적 조직문화가 조직시민행동에 미치는 영향-일, 가정 갈등의 매개효과를 중심으로"(《관광레저연구》 통권 제55호), 한국관광레저학회, 2010.

대학생활문화원, "'06년 서울대 신입생 특성조사 보고서", 서울대학교, 2006.

신용관, "6남매 모두 미 최고 엘리트로 키운 전혜성 여사"(동아일보 2006년 4월 26일자), 조선일보사, 2006.

안아름, "아이들 꿈 찾아주는 아빠들의 '바깃바람'"(조선일보 2012년 3월 5일자), 조선일보사, 2012.

조명진, "삼성의 벤치마크 스웨덴 '발렌베리家'"(《신동아》 통권 556호), 동아일보사, 2006.

조명환, 가족여가활동이 가족유대관계에 미치는 영향에 관한 연구(《관광레저》 통권 제1호), 동아대학교 관광레저연구소, 1994.

하헌국·전귀연, "가족기능이 여가만족에 미치는 영향에 관한 연구(《관광레저연구》 통권 제10호), 한국관광레저학회, 1998.

참고 영상

김철진·채환규·이모현, MBC 〈인터뷰 다큐멘터리-가족〉(4부작), 문화방송, 2003.

Rob Reiner, *The Bucket List*, Warner Brothers Pictures, 2007.

참고 웹사이트

개방형 웹 사전 사이트(위키피디아): www.wikipedia.com

검색 사이트(구글): www.google.co.kr

국가지표 사이트(e-나라지표): www.index.go.kr

대한 산악 연맹 공식 사이트: www.kaf.or.kr

미 국무부 공식 사이트: www.state.gov

생활정보 사이트(e-how): www.ehow.com

아웃도어활동 정보 사이트(Summit Post): www.summitpost.org

한국미술치료학회 공식 사이트: www.korean-arttherapy.or.kr

가족과 1시간

1판 1쇄 인쇄 | 2012년 4월 9일
1판 1쇄 발행 | 2012년 4월 16일

지은이 신인철
펴낸이 김기옥

프로젝트 디렉터 기획1팀 모민원, 장기영, 권오준, 정경미
커뮤니케이션 플래너 박진모
영업 이봉주
지원 고광현, 김형식, 임민진

디자인 랄랄라디자인, 네오북
인쇄 서정문화인쇄 | 제본 서정바인텍

펴낸곳 한스미디어(한즈미디어(주))
주소 121-839 서울시 마포구 서교동 392-34 강원빌딩 5층
전화 02-707-0337 | 팩스 02-707-0198 | 홈페이지 www.hansmedia.com
출판신고번호 제 313-2003-227호 | 신고일자 2003년 6월 25일

ISBN 978-89-5975-395-6 13320